大連に夢を託した男
瓜谷長造伝

ノンフィクションライター
中村欣博

文芸社

戦前の老虎灘海岸。丘の上に瓜谷邸が小さく見える（当時の絵葉書より）。

現在の老虎 一大海洋リゾートになっている。山の中腹にあるのがリージェントホ

老虎灘の瓜谷邸前での従業員と長造の家族、瓜谷家の使用人たち（昭和15年ごろの撮影）。

瓜谷商店社屋前での後期の従業員と長造の家族。中国服の現地社員もいる（昭和15年ごろの撮影）。

瓜谷商店初期の商売上の仲間（親戚）と従業員たち。前列右から二番目が長造。

瓜谷家の家族。老虎灘邸の前庭にて（昭和13年８月撮影）。左より匡子、臣子、光生、圭子、敏郎、郁三、長造、長雄、むめ、抱かれているのが慶子、聿子、瑛子。

観菊御苑招待時の瓜谷長造・むめ夫妻。

戦前の大連・大広場（現・中山広場）。中央の建物は横浜正金銀行大連支店。

現在の中山広場。広場に面している建物は左から中国工商銀行（元･大連市役所）、大連賓館（元･大連ヤマトホテル）、一軒おいて遼寧省対外貿易公司（元･大連民政署）、中国人民銀行（元･朝鮮銀行）、大連市郵電局（元･関東逓信局）。

はじめに

「かつての日本の植民地の中でおそらく最も美しい都会であったにちがいない大連《だいれん》を、もう一度見たいかと尋ねられたら、彼は長い間ためらったあとで、首を静かに横に振るだろう。見たくないのではない。見ることが不安なのである。もしもう一度、あの懐かしい通りの中に立ったら、おろおろして歩くことさえできなくなるのではないかと、密かに自分を怖れるのだ……」

これは、昭和四十五（一九七〇）年の芥川賞を受賞した清岡卓行《たかゆき》の自伝的小説『アカシアの大連』の書き出しである。

清岡は大正十一（一九二二）年、当時は日本の植民地であった中国遼東半島の大連で生まれた。旧制高校と大学は東京であるが、東大仏文科在学中に大連の父母の許に帰省していたときに終戦を迎え、そのまま敗戦の混乱の中にあるその美しい港町に逗留する。そこである化学技術者の娘と恋に落ち、結婚する。『アカシアの大連』は引揚げ後、その妻を失くした哀しみを主題にした小説である。

また、作家・井上ひさしは、随筆写真集『井上ひさしの大連』で、大連という街に終生惹かれるようになったきっかけを以下のように述べている。

「両親に連れられて大連の国民学校（いまの小学校）へ移っていった親友から、ある日、絵葉書が届いた。昭和十八年の冬のことで、壮麗かつ頑丈な建物の立ち並ぶ大きな広場の写真と、次の一行だけは今もはっきりと覚えている。

『……家にも学校にも蒸気が通っていて、いつもポカポカです』

イロリとコタツと行火《あんか》と薪ストーブしかない冬の寒さに震えながら暮らしていたわたしは、この一行でいっぺんに大連の崇拝者になった。大連が『夢の都』として心にこびりついてしまったのである。（中略）幼児に焼きついた『大連は夢の都』という文句は、その意味を変えながらであるが、とにかく死ぬまで消えぬ」

現在の中国東北部、遼寧省の遼東半島のほぼ先端に位置する港町、大連。東は黄海、西は渤海、南は山東半島と海を隔てて向かい合い、緯度からいうとほぼ山形県と同じである。旧市街区の面積は約二四〇〇平方キロであった（現在は市域が拡大し約一万二六〇〇平方キロに及んでいる）。そこが日本の租借地――つまりは植民地であった時代、日本人の人口は約一八万人を数えた。

この街は、日露戦争終戦から第二次世界大戦終戦までの四十年間、その街路の美しさと住民の近代的生活が広く知られただけでなく、いわゆる「大東亜共栄圏」のシンボルとして、日本の植民地経済の中心地として機能していた。

周知のようにそこを仕切っていたのは関東軍であり、日本植民地政策の尖兵として君臨していた満鉄であり、三井・三菱といった財閥資本であったのはいうまでもない。

しかし、ここに一人、いかなる後ろ盾もなく、カネなしコネなし学歴なしの徒手空拳で大正初めに大連に渡り、どの組織の庇護も受けずに満州最大の輸出品、大豆の貿易商として成功し、最後は大連商工会議所の会頭にまで上り詰めた男がいた。

瓜谷長　造《うりたにちょうぞう》。

雑誌「満州経済時報」昭和二（一九二七）年六月五日発行号に掲載された『特産王瓜谷長造氏伝』なる四ページにわたる特集記事には、こうある。

「大連・山縣《やまがた》通りは諸会社、銀行、大商店の軒を並べた商業街で、紐育《ニューヨーク》のウォール街を小さくした観がある。此の山縣通りのほぼ中央に堂々たる店舗を構え、数十の店員を駆使して満州特産物輸出商を営み、資産既に数百万を算し、大連随一の富豪と謳わるる瓜谷長造氏は、年少にして斯業を志し、幾度か危地に陥ったけれども、不撓不屈の精神を以て、一意初志の貫徹に精進し、常に死線を越えて奮闘し、遂によく今日の大を成した欽仰すべき立志伝中の人物である。

氏がこうした成功の栄冠をこうべに輝かすことを得たのは、多くは氏の商才の、衆に勝れた点に依るとはいえ、その倒れて止まぬ不敵の気力と、事に当たって人を貫く至誠に負う所、決して少なしとせぬ。殊に終始一貫、其の業を確守堅持して変わらなかった事は、氏の成功を容易ならしめた有力なる一原因といわねばならぬ。限りある人の力で、数種の事業を経営し、其の盡《ことごと》くを完全に発展させようと考えることは、全く夢想に近い事で、他日大いに伸びんとするものの避ける処である。されば一代一業主義を厳守して来た瓜谷氏に、学ぶところ甚だ多きを我等は信ずるものである」

瓜谷長造は、経済誌に四ページの特集を組んで紹介されたほどの実業家であった。

だが、「瓜谷長造」の名は戦後の経済史には一行の記載もなく、瓜谷の名前を冠した大企業も現れていない。彼はいかなる手段をもって成功したのか、そしていかなる歴史の宿命に翻弄されてその名が消えていったのか――。

長造は引揚げ後の昭和三十五（一九六〇）年九月に東京で病死し、さすがに朝日新聞には数行の死亡記事が掲載されたが、肩書きは「元瓜谷特産工業社長」と記してあったのみで、経歴にまでは触れていなかった。ここに、その生涯を振り返りつつ、それを検証してみたい。

（註・以下、人名は敬称略。満州は、参考資料名を含めて「満洲」ではなく「満州」と表記。年号は中国国内事情、満州国存在時を含めて元号で記述、カッコ内に西暦を併記した。資料引用文は新仮名づかい、一部新字体に直した）

大連に夢を託した男　瓜谷長造伝　目次

第二章　飛　翔　45

第三章　報　恩　95

第七章　輪　廻　195

ソ連
黒龍江
満州
黒河
ハバロフスク
ハイラル
満州里
ノモンハン
阿爾山
チチハル
佳木斯
松花江
東安
外蒙古
ハルピン
牡丹江
東寧
内蒙古
公主嶺
新京(長春)
敦化
延吉
ウラジオストック
四平
沙河
柳条湖
義州
撫順
奉天(瀋陽)
本渓湖
承徳
錦州
遼陽
湯崗子
安東(丹東)
営口
中国
北平(北京)
葫蘆島
鴨緑江
日本海
山海関
平壌
天津
旅順
大連
関東州
朝鮮

満州略図（昭和19年）

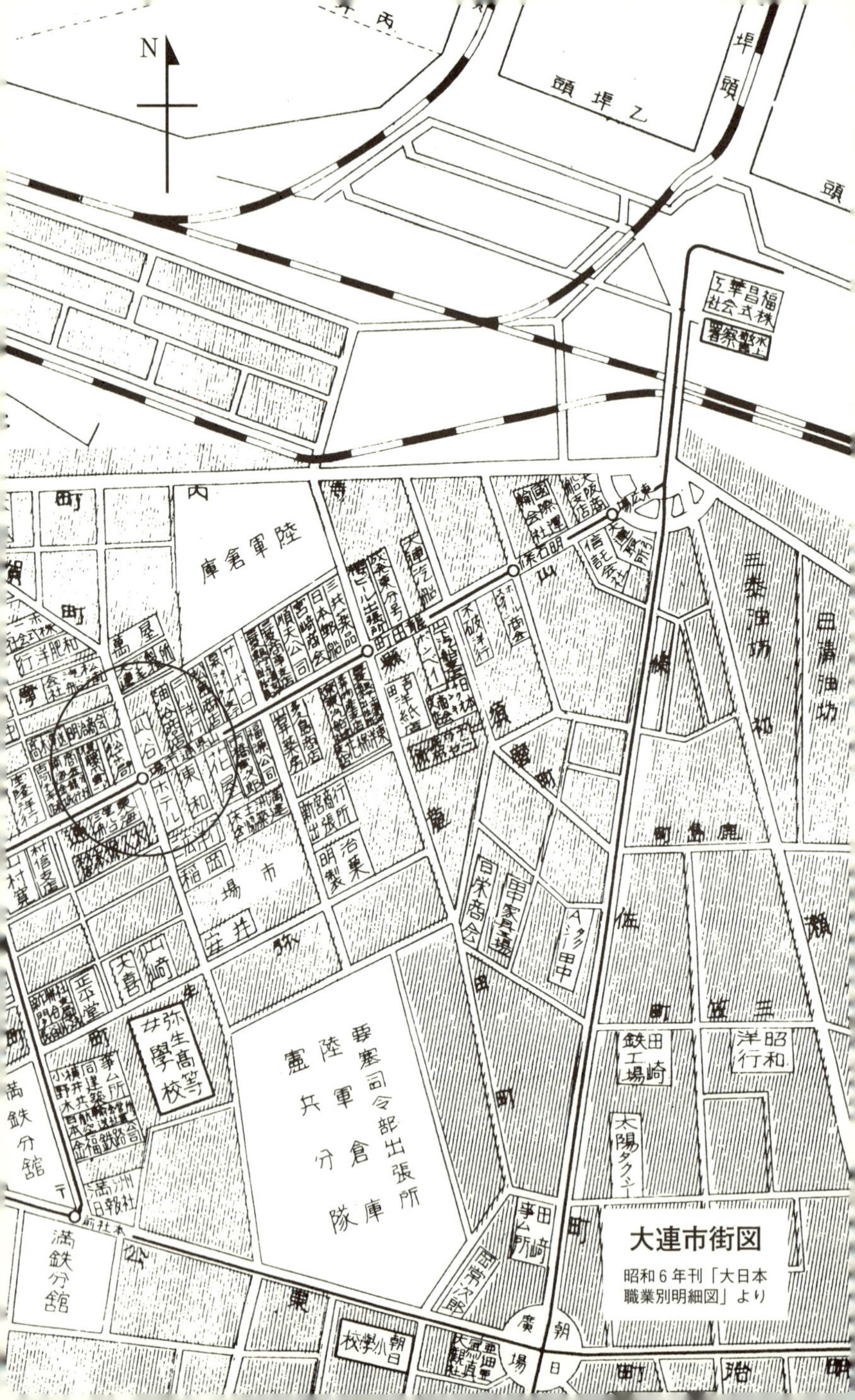

大連市街図
昭和6年刊「大日本職業別明細図」より

式会社
郵便局
〒
日本橋
吉野町
春日旅館
南洋公司
春福楼
菊田
大信洋行
白井洋行
日光商会
別所友吉
永和公司
丸二商会
敷島広場
浪速町
山田商会
東茂泰
松林
小学校
嘉納
安部三省堂
武蔵町
赤松商会
岩代町
金光教
中央電話局
通信局
大廣場
露国領事館
民政署
市役所
大和ホテル
英国領事館
大廣場小学校
三田組
松井商店
満洲銀行
大正牧場
美凡堂
金鳳堂
久保金物店
新潟物産紹介所
宏栄洋行
大正洋行
中国銀行
西広場

第一章　青雲

姉が婿養子をとって二年半後の出生

瓜谷長造は、明治十四（一八八一）年十二月五日、越中・新川県射水《いみず》郡新湊《しんみなと》町（現・富山県射水市）大字放生《ほうじょう》津町一二三二番地で北海道農産物を扱う雑貨商を営んでいた荒木長吉・ふさの子供、七人姉弟の末っ子として生まれた。

父親・長吉は天保四（一八三三）年に生まれた（荒木家では戸主はすべて長吉と命名されていたらしい）が、隠居後の明治三十七年に長光と改名している。

ご存知のように当時の越中地方は、一方は波荒き北海に面し、三方は険しい山岳に囲まれ、平野に乏しく、わずかに残る数条の河川流域も氾濫に荒されること度々で、農業的にも恵まれていなかった。かといって交通が不便であるため農漁業以外に特筆すべき産業もなく、わずかに伏木《ふしき》港の名によってその商業的存在を認められているに過ぎなかった。

だが、こうした資源に乏しい土地に生まれた人のならわしとして、越中人は古来、他郷に出て働いて一旗揚げることが当然の生き方と考えていて、貧苦や欠乏に堪える力が強く、一歩一歩大地を踏みしめながら進む堅実な性格と、目的達成には飽くまで執着する不撓不屈な意志を持っているといえる。当時の財界の巨人・浅野総一郎や銀行界の覇王・安田善次郎を出したことでも有名であった。

長造が生まれるまでに長吉には六人の子供がいたが、すべて女の子であった。男児出産をあきらめた長吉は、明治十二（一八七九）年四月十日、長女のきよに、矢野家から政次郎という婿養子を迎える。そのときさよは十三歳。実質的な結婚というよりは、すでに四十五歳に達していた長吉が、荒木家の血筋が途絶えることを恐れたために急いだ形式的な結婚であったのであろう。

皮肉なことに、その二年半後に、長男・長造が生まれている。長吉が四十八歳のときにできた子供である。

だが、婿養子の手前、長吉は今さら長造に家督を継がせるわけにはいかない。明治三十四（一九〇一）年四月三十日には、正式に政次郎に家督を継がせた。

長造は、家督を継ぐことのない長男として生まれたわけである。生まれたときに長姉きよはすでに十六歳となっていたが、さよと長造の間には五人の姉がいた。家督は継がないまでも、初めて生まれた男の子を姉たちはずいぶん可愛がったに違いない。とくに末の姉・すてとは仲がよかった。長造が長じて満州に渡って以後、未亡人となったすてを呼び寄せて同居していることから見ても、仲の良さが推測される。

明治十九年の小学校令で六歳から八年間を義務教育と規定したが、二十三年の改正では尋常小学校を三年または四年としたので、実際には三～四年で学校教育をやめる者もいた。長造の学校教育も尋常小学校の四年間で終わった。当時の町の状態では働く場所は限られており、しかも家督を継がない末っ子でもあるので、丁稚小僧として他所で働かざるを得なかった。

長造は十七歳の秋になって、単身、北海道に渡る。

前記の『特産王瓜谷長造氏伝』によれば、

「古諺《こげん》に紫《(ママ)》檀は二葉より香《(ママ)》ばしとある通り、氏は凡童と既に様子を異にしていた。一日、当時十五、六歳であった氏が、自店の業務に就いて考える様、北海道農産物を輸入して是を県内に分配するのでは、その取扱高は多寡の知れたものである。将来の大は期待されぬ。是非、供給地たる北海道に渡って、彼地で輸出商を営みたいと。然し、是を両親に相談しても容易に賛成が得られそうもないので、独り胸に包み、密かに時期を待った。十七歳の秋になって遂に意を決し、僅少の路用を懐中して、飄然と故郷を後にし、海路小樽に向かった」

とある。

長造の小樽渡航を「十五歳」とする説もあるが、満年齢と数え年の差としても一歳違う。数え年十七歳の秋といえば、明治三十（一八九七）年の秋、満十六歳ということになる。

小樽の青木商店（一説には雑穀商の山崎商店）というところで働いたが、たまたま眼に触れたのは、当時の新聞に出ていた牛荘《きゅうそう》（現・中国遼寧省にある港町、営口《えいこう》の別名）の事情であった。それによると、牛荘より輸出される農産物の数量は小樽のそれに比べて遥かに大きく、神戸に向かう量も少なくない。

「そうだ、あの広漠たる満州の大荒野は農産物の宝庫に違いない。大商人は大市場を必要とする。満州こそ自分が活躍すべき天地だ。ここは一つ、神戸に出向いて満州産大豆の研究をしてやろう。そしていつか、満州に渡ろう」

長造の頭には、満州（現在の中国東北部）へ渡って一旗揚げたいという欲求が生まれた。

日清戦争と満州貿易

中国とは、日清修好条規が明治四（一八七一）年に調印され、条約に基づく経済活動が開始された。領事館の開設は、明治五年、上海、福州、明治八年、厦門《アモイ》、天津、明治九年、牛荘（営口）、芝罘《チーフー》（煙台）と続いた。この時期にこれだけ続けて設置されたのは、中国以外に例をみない。貿易の中心地上海には、明治八年に三菱商会（日本郵船の前身）が横浜・上海間命令航路（最初の海外航路）をスタートさせ、同時に上海支店を置いた。これがおそらく日本最初の対中投資、つまり最初の対外投資であろう。三井物産が設立されたのは、九年のことであるが、十年には早くも、石炭輸出を目的に上海支店を設置している。

日清戦争前まで、満州に在住する日本人は極めて少なかった。唯一の開港場である営口では、日清戦争に際して外務省が保護した在留日本人は十七、八名であったという。それ以外の未開放地にはほとんど居住していなかったと推測される。

日清戦争（明治二十七〜二十八年）における日本の勝利は、極東や東アジアの情勢に衝撃的な影響をもたらした。ところが、日本はいったん手に入れかけた遼東半島の権益をロシア、フランス、ドイツの三国干渉によって返還し、以後はロシアの満州侵出を手をこまぬいて傍観するばかりとなる。

しかし、経済的な面では、日満関係は貿易を通じて急速に深まっていった。たとえば三井物産上海支店所属の山本条太郎（後の満鉄総裁）が営口を調査し、大豆取引の有望性を確認、三井物産は大豆の対日輸出に着手、明治二十九（一八九六）年に営口支店（当初は代理店）を開設した。同年には営口の日本商店は四店、在留邦人は十四人に増えていた。このとき開設していた日本商店は草分けの三井物産のほか日清洋行、福富洋行、海仁洋行の三店であった。

そうした動きを受けて明治三十三（一九〇〇）年に横浜正金銀行が出張所を設置、この時点で満州に貿易関連の主な部門が出揃ったことになる。

在留日本人も急増に向かった。一つには、営口貿易の成長に伴い、営口在住者が増加したため、いま一つには、ロシアの鉄道建設、租借地経営に伴い、それに寄生する移住者が増えたためである。さらに三十四年になると、営口の日本商店は八店に増え、在留邦人も九十二人に増加していた。

「当時、営口に在留した日本商社は、横浜正金銀行支店、三井洋行（反物販売・大豆大豆粕《かす》輸出）、海仁洋行（汽船取扱い・石炭枕木売り込み）、兼松洋行（大豆大豆粕輸出・雑貨販売）、高浜洋行（大豆輸出）、福富洋行（大豆大豆粕輸出・雑貨販売）、東肥洋行（日本雑貨輸入）、松村洋行（大豆輸出）、金福洋行（大豆輸出）などであった」（小峰和夫『満州《マンチュリア》――起源・植民・覇権』）

発展めざましい日満貿易において、とくに目立ったのは満州大豆と大豆粕の日本への輸出急増であった。日本への大豆・豆粕の急激な輸出拡大は、それらの中華諸港向け輸出と競合することになった。

当時、満州から日本に輸出される商品は無税であったが、中華諸港に輸出されるものは課税されるという事情もあって、大豆や大豆粕の日本への輸出は優位な展開をみせた。明治三十四年には、日本向けの大豆粕は輸出全体の五六％にも達し、すでに中華諸港向けを少しではあるが越えていた。翌年には実に七四％にも達し、この頃満州大豆粕の主要な買い手が、中華市場から日本市場に交代したことを物語っている。

日清戦争に勝利した日本は、その後のわずかな期間のうちに、満州最大の輸出品である大豆・豆粕の主要な買い手にのし上がったのである。

日本への大豆・豆粕の輸出増大は、買い手である日本において肥料用大豆粕の需要が増大したことが決定的な要因であった。

「三井物産なども、得意先の肥料商の注文に間違いなく応ずるために、大豆や大豆粕の『買持ちを要す』というまでになった。満州に進出する日本商社の商売においても、まず大豆・豆粕を手掛けることが大きな成功の必要条件となった。三井物産でも『南満貿易発展ノ為ニハ、特産物タル大豆、豆粕ノ輸出ヲ奨励シ、以テ農民ヲ富裕ナラシメ、同時ニ之ガ需要品ヲ輸入供給スルニ在ル事ハ、今更喋々《ちょうちょう》ヲ要セズ』とされていた」（小峰和夫『満州《マンチュリア》――起源・植民・覇権』）

満州大豆の輸入は次第に増え、明治三十年代後半には朝鮮大豆の輸入を上回るようになり、両者の比率は七対三ないし六対四という状態になった。

当時の満州は、日本の農家の次男、三男たちにとって（長造は長男であったが、家督を継げないことで実質的には次男と同じであった）、夢の大地であったのである。

堺力商店の丁稚に

長造は神戸に向かうべくいったん郷里に帰り、父母に相談してみた。だが、昔気質の老いた父母は、まだ二十歳前の彼の計画に賛成するはずがなかった。

「そんな夢みたいなことを考えないで、郷里にいて家業を手伝えばいいではないか」

と帰郷を勧めるばかりである。しかし、実家の家業はすでに義兄に当たる養子政次郎が継いでいた。政次郎にはすでに、吉之助、勝太郎、なをいという二男一女の子供もできていた。実家を継ぐことはもはやできない。所詮は手伝いである。自分の考えているような大きな商売はできそうにない……長造は将来を熟慮した末、大阪の親戚を頼って、再び故郷を離れる。

大阪に着いた彼は、どんなことをしても神戸の満州大豆輸入店に、手蔓を求めて入店しようと腐心した。その際、ふとしたことから知り合いになった大阪商船の中国通いの汽船に乗り込んでいる船員から、瓜谷芳兵衛商店（のち堺力商店）の丁稚となることを勧められた。

同商店はもともと京都の外米商であったが、今回新たに神戸に支店を設置し、満州大豆と豆粕を取扱うことになったという。勧められたのはこの神戸支店のほうであった。長造は小躍りして喜んだ。――ここなら満州大豆のことを勉強できそうだ。

長造が数え十八歳、明治三十一（一八九八）年の春のことである。

以後、長造は支店主任の仁木英一氏を助けて、支店の運用資本として託されたわずか二〇〇〇円の元手をもって必死に働いた。

当時の神戸輸入商人の中では、輸出国の商人と直接取引するまでに進んでいたものはまだ極めて稀であった。多くは、神戸に窓口を置いた外国商人に仲介を依頼していた。仕入れは外国商人に任せて、自分たちは主として販路開拓に努力を払っていたのである。

長造も生家の助力を得て越中伏木港の各商店と連絡して、販路拡大に専念した。その甲斐あって売上げも次第に伸び、彼の入店後数年にして、店の基礎もようやく固まってきた。満州から輸入した大豆・豆粕の評判も高まり、全国に普及した。北海道産大豆は完全に駆逐され、長造の予見が証明されることになった。

大豆の起源と満州大豆

大豆の原型はノマメといい、東アジアに広く自生している植物である。ノマメと大豆の中間型が中国東北部などに半栽培や雑草の状態で見出されることから、大豆栽培の起源地は、世界的に見ても、もともと中国東北部からシベリアのアムール川流域とされている。中国では約五〇〇〇年前から栽培されていたとされている。

大豆油を搾《しぼ》ったかすの大豆粕が世に現れたのは一九世紀前半で、満州の住民が大豆から油を搾った残りかすを、たまたま山東省で肥料として実験してみたところ、その効果がいちじるしかったということがわかってからである。

明・清時代には、かなり多くの文献が豆油搾りについて言及している。たとえば明の宋応星の『天工開物』中に、黄豆からの搾油率を「およそ油で饌食の用に供するものは、胡麻《ごま》・菜服《なた》子《ね》・黄豆・菘菜子を上と為す。……黄豆は石《こく》毎に油九斤《きん》を得る」と記している。斤は重量の単位で、一斤はふつう一六〇匁《もんめ》＝六〇〇グラムに当たるが、品目によって目方を異にする。

清の方以智の『物理小識』中にも、黄豆からの搾油率を「豆油……黄豆の潤なるものは、一石にて一八斤を取る。搾木《しめぎ》もてこれを圧すれば、二二斤なるべし」と記されている。

清代の『致富奇書広集』中には、大豆・芝麻《ごま》・菜子《なたね》の三者の油と餅（搾りかす）との関係を次のように比較している。

「芝麻・菜子は油多く餅少なし。豆子、搾油せば、油少なく餅多し。故に云う、菜子・芝麻は油が本たり、餅が利たり。豆油は則《すなわ》ち餅が本たり、油が利たり、と」

中国の人々は大豆を利用して、油ばかりでなく、油を搾ってできる大豆粕のほうを飼料や肥料にする方面においても、新たな研究を積み重ねていく。明の馮応京《ふうおうけい》の『月令《がつりょう》広義』には、「諸色（各種）の豆の茎を晒して収め……牛馬を飼《やしな》うべし。……及び田地に糞《こやし》すべし」とあり、明の王象晋の『群芳譜』には、「腐（豆腐）の滓《かす》は豚に食わすべし。……油の滓は地に糞とすべし」とある。明の宋応星の『天工開物』には、「油食を取りて後、その餅を以て豕《ぶた》の糧《えさ》に充つ」とある。

そして明代の『養民月宜』には、「鵝《がちょう》・鴨《あひる》……もしその豆・麦を足らして肥飽せば、卵を生む」とある。

清の方以智の『物理小識』に「牛……草に豆を雑《まじ》えて飼えば、肥潤す」とあり、清代の『致富奇書広集』には、「今、江南は麻餅・豆餅を用いて田に圧《ほどこ》すにより、則ち多く収む」とあり、清の包世臣の『斉民四術』には、「その渣《かす》は宜しく豕を飼うべし。……油を搾り……その餅は糞に中《あ》つ」とあり、そして『撫郡農産考略』には、「甘蔗（サトウキビ）に壅《ほどこ》せば極めて肥ゆ。……油を搾れば則ち油多からず。而るに枯（しぼりかす）は最も肥やす」とある。

これらの記事から、明・清時代には、すでに大豆を利用して飼料や肥料をこしらえる方面で様々な工夫をしていたことがわかる。

一方、わが国では、明治維新は伝来的農法に変革をもたらす契機となっていた。たとえば、地租改正における土地の官民有区分の確定や新田開発によって、草肥の供給源である山林原野が減少していった。しかも、商品経済の浸透や農事改良の自由化によって、農民が金肥《きんぴ》（金銭を支払って買い入れる肥料という意味）を必要とする要因は増大していった。

ところが、金肥の供給サイドから見ると、明治時代中期までは大きな変化は起こらなかった。金肥の中心は相変わらず魚肥であったが、その供給は極めて不安定で、需給のアンバランスからしばしば相場が高騰し、大きな経済問題となった。

日本では、大豆の栽培や食品加工自体は古くから行なわれていたが、大豆油房（製油場）や大豆粕の利用は発達していなかった。清国からもそういう知識は伝わらなかったようである。大豆粕は明治の農民にとってはまったくの外来肥料だったのである。しかも、明治政府の農業政策は欧化主義に染まっていたので、満州の大豆粕などは関心の範囲外であった。そのため満州大豆粕の輸入が軌道に乗るには、どうしてもある程度の時間が必要であった。

明治十年代後半には、日本でも満州の大豆や豆粕への関心が次第に高まってきた。

大豆の輸入においては、満州大豆よりもむしろ朝鮮大豆の輸入量のほうが圧倒的に多かったが、明治二十一（一八八八）年と二十四年に朝鮮が凶作に見舞われたのを契機に、日本商人はようやく満州大豆に本格的な関心を向け始めた。中国との貿易商人たちも満州大豆の日本への売り込みに熱心になった。

大豆粕の場合には、大豆とは対照的に一貫して大半が清国からの輸入で占められた。これには朝鮮側の事情がからんでいた。朝鮮では伝統的に大豆油や大豆粕をつくる習慣がなかったのである。このため朝鮮では、肥料としての大豆粕の利用も見られなかった。

明治二十年代に入って、魚肥に代わるべき金肥として、満州産の大豆粕が登場する。輸入量も増してきて、二十九年には約二〇〇万枚に達し、主として山陽、山陰、九州、阿波など西日本方面に売りさばかれ、神戸港がその輸入を一手に引き受けていた。大豆粕は輸入肥料であるにもかかわらず、国産の魚肥よりもかなり安かったのである。しかし、農民に予備知識がないため、当初のうち大豆粕はなかなか農村に浸透できなかった。ようやくその機が熟してきたのが明治二十年代半ばであった。

明治二十三（一八九〇）年には、新しい時代の到来を画すように、三井物産上海支店の山本条太郎が、大豆や豆粕の直輸入を目ざして、初めて営口に下見のために上陸した。

翌年には日本郵船会社が神戸・牛荘（営口）航路を開設した。さらに二十七年には三井物産が、日本商人の先陣を切って営口からの満州大豆の直輸入を開始している。当時、満州から日本に輸出されていた商品といえば、ほとんど大豆と豆粕の二品だけであった。逆に日本から満州に輸出されていたのは、雑貨（とくにマッチ）、昆布、石炭などで、その後増大する綿糸・綿布はまだ少なかった。貿易収支は圧倒的に満州側の輸出超過で、牛荘日本領事館も、「帝国ノ利益ヨリ見レバ決シテ満足スベキモノニアラズ。何トナレバ彼我輸出ノ差ハ権衡《りんこう》を失シ居レバナリ」と苦慮していた。

日満貿易は日清戦争を境に劇的な飛躍を見せる。それまでの模索の段階を一気に突破し、めざましい成長段階に入ったのである。日満貿易の発展は、満州の貿易と経済に、極めて重要な影響を与えるものであった。

かくて満州各地に、大豆を蒸して圧搾して油を搾る「油房」と称する製油場ができて、そこで副産物として大豆粕もできていたのである。大豆粕は、一枚四六斤の黄色の円盤状であった。

日露戦争と本格的植民地化

日本にとってロシアとの開戦は、軍事的にも経済的にも一種の綱渡りであった。しかし、日本には新興国家としての勢いがあり、奇跡を起こす可能性が秘められていた。これに対して世界最強の陸軍国といわれたロシアは経済的にも政治的にも老朽化していた。

こうした状況の下で明治三十七（一九〇四）年、日露戦争が勃発し、翌年には早々と終結した。

長造もまた、日露戦争時には陸軍補充兵として樺太に従軍しているが、その際の記録は残っていない。

明治三十八（一九〇五）年、ポーツマス条約により、ロシアの持っていた権益のうち、旅順と大連を含む遼東半島の先端部分＝関東州と、東清鉄道南部線のうちの長春以南と付属炭鉱が日本に割譲された。それらの利権継承に関する日清間の協定や取り決めも調印され、日本は正式に満州に植民地としての権益を持つことになった。

翌三十九（一九〇六）年には南満州鉄道株式会社（満鉄）の創設、関東都督府《ととくふ》の設置、大連開港など、満州経営が本格的にスタートした。日本の勝利はヨーロッパの覇権植民地主義に対するアジアの勝利であり、専制国家に対する立憲国家の勝利でもあった。

日露戦争を契機に、満州へ日本国内の企業が続々とやって来た。貿易業者の代表は三井物産であろう。日露戦争の勃発以降、三井物産はその機構を総動員して満州で食糧や軍事物資の調達を行なった。奉天、安東、鉄嶺、大連、長春、吉林、ハルピンに支店や出張所を設け、満州市場にその営業網を作り上げた。三井物産が目をつけたのは、満州産大豆の輸出と日本製綿糸布の輸入であった。大豆輸出、綿製品輸入のどちらにおいても三井物産は大きなシェアを獲得し、満州市場は三井物産にとって重要な場所となった。また、満鉄が使う建設資材、レール、枕木、機関車、車輛などの供給も独占的に引き受けた。

一方、日本が満州の利権を獲得し、アメリカがそこに割り込む画策をしているとき、中国国内では、清朝を打倒して近代国家を樹立しようとする動きが展開しつつあった。日本の勝利は彼らの運動に大きなはずみをつけ、結局それが明治四十四（一九一一）年の辛亥革命に結実し、ついに清朝は崩壊した。

清国は中華民国に生まれ変わり、満州をめぐる枠組みも根本的に変わることになった。明治四十五年二月、清朝皇帝溥儀《ふぎ》（宣統帝）は皇位から退いた。清朝の崩壊は満州統治の「消滅」でもあった。清朝はもともと満州族が興起して北京に君臨した朝廷で、民族の本拠地である満州の統治には特別の配慮を払ってきた。しかし漢人の満州大量流入と、ロシア・日本をはじめとする外国勢力の満州への接近は、そのような清朝の満州統治原理に修正や後退を強いるようになった。

二〇世紀に入ってからの漢人の満州移住は、従来の規模とテンポを遥かに超えるものとなっていた。そこには様々な要因が働いていた。営口開港は満州貿易の拡大をもたらし、南北満州の開発に刺激を与えた。とくに急速な変化は日清・日露戦間期に起こった。日本が南満州に進出し、それが北満州方面の経済にも刺激を与えた。日満貿易の急激な拡大、ロシアによる東清鉄道の建設という二つの大きな要因が重なった。

一方で清朝末期、中華経済は封建制の衰退のうえに、資本主義の侵略的影響も加わり、いよいよ混乱と停滞のなかに落ち込んでいた。至る所に稼ぎのない貧しい人々があふれ、華北一帯の農村も例外ではなかった。満州にあっては逆に労働力は不足していた。かくして華北から満州への労働力移動は、自然の勢いとして強まらざるを得なかった。

さらに満州にも鉄道が登場し、北京から山海関を抜けて満州の奉天に至る京奉鉄道、大連からハルピンへ北上する東清鉄道南部線、さらにハルピンを通って北満州を横断する東清鉄道本線（東西線）、これらの鉄道が一九〇〇年代にほぼ同時に開通した。華北から満州への労働力の移動は、これまでとは比較にならないくらい迅速かつ安全なものになったのである。

日本の満州経営は、清朝の滅亡と漢人の移住を追い風とし、ロシアとの共存や英米仏などへの配慮のなかで進められ、それなりに順調な滑り出しをみせた。

日露戦前には数百人から数千人程度の規模であった満州在留日本人も、戦時軍政期の「満州熱」によって一攫千金を夢想する「一旗組」が大挙渡航した結果、急速にふくれあがった。明治三十八（一九〇五）年に一万人を超え、その後も三十九年二万人、四十年四万人と増え続け、大正三（一九一四）年には一〇万人に達した。日露戦後の朝鮮と満州における日本人の人口増加の伸びは著しく、ともに政治的契機が決定的に作用したと思われる。

満鉄の登場と三頭政治

日本の満州経営において中心的存在となったのは、南満州鉄道株式会社である。

明治三十八年のポーツマス条約によって、日本政府は長春・旅順間の東清鉄道およびその支線と、それに付属する権益・特権・財産、ならびに撫順などの重要炭鉱の経営権を清国の承認を得て、ロシアから獲得した。関東都督府設置と同時に、政府は鉄道の運営は半官半民の株式会社に移すことを決めた。

日本がロシアから譲渡された南満州の鉄道権益の中には、その付帯事業として撫順炭鉱と煙台炭鉱の経営、鴨緑江沿岸の森林伐採権、遼東半島一帯の漁業権なども含まれていたから、政治、外交、軍事にからんで問題の起こる可能性が秘められていた。そこで単なる営利会社ではない、ある程度の行政権を持たせた政府の代行機関ともいうべき国策会社でなければ経営は無理である、というのが政府の判断であった。

そこで翌三十九（一九〇六）年十一月に半官半民の南満州鉄道株式会社が設立され、翌年四月に営業を開始した。創立当初の資本金は二億円で、半額は日本政府の現物出資。初代総裁は後藤新平であった。満州最大の国策会社として交通・鉱工業部門を中心に関連各部門をその傘下に収め、「満鉄コンツェルン」もしくは「満鉄王国」と称された。調査部門では優秀なスタッフをかかえる満鉄調査部があった。一九二〇年代までの事業投資の六割は交通・鉱工業部門で占められ、独占的高運賃による大豆と石炭輸送が高収益の源泉となった。

そして、その費用を賄うために、付属地に住む住民から経費を徴収する「徴税権」も与えられた。のちの満鉄が鉄道と炭鉱経営だけでなく、ホテルから病院、学校まで経営したように、その出発点から日本政府を代行する「ミニ政府」的要素が濃かったのである。

「庶民にとっては、『最も身近な公的機関』という表現がピッタリであろう。たとえば、大連で図書館に行こうと思えば、それは満鉄経営の大連図書館に行くことになる。風邪をひいたくらいなら近所の診療所でも事足りるが、入院となるような病気や怪我をすれば、その患者の収容先は満鉄経営の大連医院であった。大連医院の産婦人科病棟で生まれた日本人も多数いた。すでに紹介したように、市内を走る路面電車は満鉄の子会社である大連電気鉄道の経営であるし、電気もガスも満鉄からの供給だ。身近な遊園地電気遊園も海浜リゾート地の星ケ浦も満鉄の開発・経営であれば、子供たちが憧れたルーフ・ガーデン・レストラン（夏季に営業）を提供した大連ヤマトホテルも満鉄の経営だ。旅順には関東都督府が設立した博物館があったが、大連の博物館といえば鉱業と農林水産業にまつわる展示をしていた満州資源館で、それも満鉄の経営である。関東州内にはないけれど、満鉄の鉄道附属地では消防やゴミの収集も満鉄の事業の一つであった」（西澤泰彦『図説・大連都市物語』）

元来、満州の交通・流通には気候条件からくる重大な制約があった。河川の水運は、例年四月から十月頃までの気候温暖な時期に活躍するのだが、北満州の松花江はいうまでもなく、南満州の遼河でも、十月か十一月から翌年三月までは厚い氷に覆われてしまい、河船の航行はまったくできなくなる。そのかわり冬期に活躍したのが馬車であった。荷馬車は、凍りついた河川と道路の両方を使って疾走できた。凍結した河川は、むしろ道路以上に荷馬車の往来に便利な道となった。河川が氷解すると、荷馬車は陸上道路しか走れなくなる。

このような事情から、結局、満州における物資輸送はむしろ冬期が中心となった。まず、満州に輸入される物資は、港や河川が凍結しない春から秋にかけて遼東湾奥の営口に集中的に入荷される。一部の貨物は船や荷馬車で奥地に運ばれていくが、多くは港に積載されて冬を待つ。冬になると、河川も道路も港も凍結するのだが、そのかわり、収穫されたばかりの満州特産物を満載した荷馬車が、凍りついた道路と河川を使って続々と営口にやって来る。荷馬車は、営口で積荷を下ろすと、帰り荷として雑貨や綿布などを積み込み、満州各地に運んでいく。港に下ろされた特産物は、日本や中国に送るべく、船が姿をみせる解氷期を待つ。要するに、満州内地の輸送機関は荷馬車の独占事業であった。

満鉄が開業したときには、まだ水運との競合が懸念されたが、これは単なる杞憂に終わった。しかし鉄道も、特産物の輸送をもって生命とする点では船や荷馬車と同じであった。

とりわけ大豆が貨物となって登場するのは、毎年秋の収穫後のことである。冬になると、満州の至る所から大豆が最寄りの鉄道駅に搬出されてくる。運ぶべき大豆の量は余りにも厖大で、機関車、車輛、さらには倉庫が足りなくなる。そのため、駅や埠頭に多量の貨物が野積みされるほどであった。

日露戦争後から大正三（一九一四）年頃まで、対満州投資は満鉄に著しく偏重した構成を示した。満鉄の経営は、鉄道事業が予想以上に収益をあげたために、順調な発展をみせた。これは満州大豆が世界市場に供給されるようになり、大豆輸送が収益源として大きな柱となったためである。ここに、「満州の植民地化」という国策を満鉄の高収益に依存するという一大システムが形成されたのである。

満州を統治する新機構がつくられる過程で、関東都督府、領事館、満鉄という三者が統治機関として発足した。統治機関を一本化できなかった理由は日本政府の混乱というよりは、占領地行政を受け継いで発足した機関（領事館、関東都督府）とロシアから継承した機関（満鉄）という、系統の異なる機関が並存したからであろう。

満州において日本人の居住が合法的に認められた場所は、関東都督府の管轄する関東州、満鉄が管轄する満鉄付属地、領事館が管轄する開放地のみであった。これら以外の場所は外国人である日本人が暮らすのは非合法となり、中国側から退去命令が出されても文句はいえなかった。満州権益を得たとはいえ、満州のどこにでも自由に日本人が住めるようになったわけではなかったのである。

これら三機関を統一的に管轄する機関はなかったため、「三頭政治」などと呼ばれ、その混乱ぶりが揶揄されていた。

「こうした経営機関分立の背景には、外務省と軍部の大陸政策をめぐる路線対立が伏在していた。二つの路線の対立は、日露戦時に占領地に実施された軍政の存廃問題をめぐって、早くも表面化している。ロシアおよび清国との条約締結後も軍政を継続していた関東総督府（著者註・のちの関東都督府）と陸軍中央は、もっぱら軍事的観点から対露再戦に備えるべく軍事的支配を固め、そのもとで日本の経済的権益を排他的・独占的に拡張する路線を主張した。他方、韓国統監伊藤博文、元老井上馨、外相加藤高明らは、英米に金融的に依存した当時の日本の国際的地位を明確に認識していたが故に、軍部の狭隘な軍政継続論に反対し、軍事占領解除＝門戸開放路線を提唱したのであった」（金子文夫『近代日本における対満州投資の研究』

瓜谷家の養子となり渡満

日露戦争後、満州の植民地化が急速に進展する中で、神戸は当時の満州大豆の受け入れ港として最大であった。長造は、堺力商店神戸支店のサラリーマンとして着々と成長していった。学歴のなさ、家督を継げない悔しさをバネにして、さらに越中人特有の粘り強さが加わって、大豆輸入販売業者の中で人脈を広げ、頭角を現していったのである。

堺力商店支店主任の仁木氏は、長造の人物手腕に深く信頼を寄せていた。ある日、長造に「義兄弟の契りを結ばないか」と申し出た。仁木氏は社長の瓜谷芳兵衛氏の娘タキと結婚していたが、たまたま瓜谷家の当主が死去したので、同家に入って瓜谷英一と名乗ることになった。長造は、兄弟約束に従うためには、同様に瓜谷姓を名乗らねばならなかったが、実家の荒木家はすでに養子政次郎が継いでいるので、荒木姓にこだわる気はなかった。長造は瓜谷を名乗り、英一氏と義兄弟（戸籍上は養親と養子）となった。

同時に長造は、英一氏の配慮により、同じ神戸市兵庫区の魚問屋「魚善」魚谷家の長女・むめと結婚することになった。彼女は神戸第一高等女学校を卒業し、できることならば、さらに女子高等師範学校に進む希望を持っていた。しかしそれは叶わず、両家の勧めで長造と結婚することになったのである。

長造が瓜谷家の養子となり、同時にむめと結婚して入籍したのは明治四十一（一九〇八）年六月九日であった。

長造の三男・郁三は、両親の結婚について、こう推測している。

「良家に生まれて、なおかつ女子高等師範にまで行こうとした母は、当時としては相当の才女だったはずです。一方、小学校の四年までしか学歴のなかった父は、学歴コンプレックスが強かった。普通なら、そこで劣等感を感じて身を引くのでしょうが、父はいっぺんで母が気に入ったようです。実業家として立とうとする自分の将来や、これから生まれてくる子供たちのことを考えれば、自分より教養の高い妻と結婚すべきだと思ったのでしょう。そんな父の勇気には感心し、いまだに感謝もしています」

間もなく、瓜谷英一氏は、外地の満州・大連に堺力商店の出張所を出すことになった。その所長として白羽の矢が立ったのが長造であった。

長造・むめの夫婦が大連に渡ったのは、明治四十二（一九〇九）年（明治四十三年という記録もある）。長造二十七歳の春であった。

内地から大連へ最初に航路を開設したのは大阪商船である。日露戦争中だから、かなり古い。

以後、神戸から門司を経由して大連に至るこの航路は、多くの日本人に利用された。正午に神戸を発った船が門司に一晩停泊し、済州島の南を抜け、黄海を北上して、大連に着くのは四日三晩、ほぼ八十時間後。出航して四日目の朝八時頃であった（今は、飛行機で成田からわずか二時間半で行ける）。

堺力商店倒産と独立

堺力商店大連出張所は紀伊町に店舗を設け、初めて特産物輸出商「瓜谷長造商店」（以後、瓜谷商店と略す）の看板を掲げた。長造の俸給は月八円であったという。

当時の満州の南端、関東州は日露戦争によって日本の租借地となり、南満州鉄道株式会社（満鉄）も設立され、着々と日本の植民地として確立しつつあった。とくに大連は牛荘（営口）にとって代わる商港として将来の大発展を期待されていた。

長造は、神戸支店と協力して獅子奮迅の活動を開始した。だが、不運なことに時機は日露戦後の好況の反動時代に入り、日に日に市況が悪化してきた。そうして、元号が明治から大正に変わって間もない大正元（一九一二）年八月、堺力商店はついに解散、神戸支店、大連出張所も閉鎖となる。

長造夫妻も雄図空しく悄然と帰国した。

その後は、前記の『特産王瓜谷長造氏伝』によれば、

「整理が一段落付き、義兄（英一。戸籍上は義父）は本店を継続して残塁《ざんるい》（この場合、神戸支店を指していると思われる）に立て籠る事になったが、氏（長造）は大陸進出を思い切れず、郷里より千円を才覚して、同年秋再び渡連し、氏自身の商売として最初は微々たるブローカーではあったが、取次仲介を始めた」

とある。

つまり、大正元年秋に再度、渡満したことになっている。

だが、柳沢遊《あそぶ》『日本人の植民地経験』の中の瓜谷商店の紹介部分には、

「大正四（一九一五）年、神戸本店の倒産により大連出張所も一時閉鎖となったが、同年五月に独立の特産物貿易商店として再び開業することとした」

とある。

また、満州興信公所編『満州事業紹介』の瓜谷商店の紹介部分には、

「不幸にして大正四年、神戸本店の倒産により大連出張所も閉鎖の羽目に陥ったので、同年五月、一本立の特産商として看板を上げる事となった」

とある。

再度の渡満の年に三年の差があるが、長女聿子《いっこ》の著書『四季折々に』の年譜には、以下のように明記されている。

「大正三年三月、大連市、満州特産物商、瓜谷長造（父）、むめ（母）の長女として生まれる（二一日）」

つまり、聿子が生まれた大正三年三月の時点で長造夫妻はすでに大連に在住していたわけで、長造再度の渡満を大正元年とする説のほうが正しいと思われる。

広大な満州の地で大豆貿易をする――長造の思いは固まっていた。堺力商店の大連出張所長として働いていた期間、時の運は向いてこなかったけれども、確かな手ごたえを感じたに違いない。

第二章　飛翔

満州貿易の中心が営口から大連へ

一八六一年の牛荘（営口）開港から日露戦争まで、満州貿易はほとんど牛荘を中心に展開した。だが日露戦争後は、新興の貿易都市大連が中心港となる。満州貿易はここから本格的な発展を開始し、大連は東洋有数の近代的な貿易港として成長し始める。

満州からの大豆三品（大豆、豆粕、豆油）の積み出しも、満州への綿製品や雑貨の搬入も、これまでの時期とは比べものにならない規模に増大する。この時期を通じて、満州経済への日本の影響力は急速に拡大していく。日露戦争前に四〇〇〇万海関《かいかん》両台にとどまっていた輸移出入総額は、明治四十一（一九〇八）年に一億海関両を突破し、四十四年には二億海関両台に達した（海関とは清国が開港場に設けた税関。海関両とはそこにおける銀秤量単位）。

この伸びを支えたのは、なかでも大連の成長であった。満州全体の輸移出動向を主要海関別に見てみると、明治四十（一九〇七）年には牛荘が約一八〇〇万海関両で主要海関全輸移出量の七五％を占めていたが、四十二年には牛荘、大連がどちらも三〇〇〇万海関両でほぼ並び、四十三年には大連が牛荘を追い抜いている。大連の輸移出量は大正三（一九一四）年には五〇九〇万海関両となり、主要海関の四七％を占めている。輸移入面でも明治四十五年（大正元年）に牛荘を追い抜き、満州最大の貿易港に発展した。

中国全体でみても大連の躍進は目立っており、四十四年には海関税収入規模でみて、上海、天津、広東、漢口、汕頭《スワトウ》に次いで第六位の座を占めた。

とくに大連港の大豆の輸移出数量は、大正七（一九一八）年の二三五・六万担《たん》（重量単位でピクルともいう。約六〇キロ）から、八年の八五三・九万担へと二・六倍の伸びを示した。満州における大豆の年産出高は、大正九（一九二〇）年前後において約二三〇〇万石（三二八万トン）と推量され、その二割～二割七分程度が、食糧・家畜飼料として満州内部で消費され、残りが満州特産市場に出回ることになる。そして、特産物として出回る大豆は、製油原料として満州各地の油房に供給されるものと、原豆のまま輸出されるものに大別された。

大豆の輸出相手国は、大連港の日本向け大豆輸出は、大正三年の約一一万トンから大正八（一九一九）年の二三万トンに増加したのに対し、中国本土向け移出は、一七万トンから約六万トンに減少している。

大連港の豆粕輸出量では大正三年の約七〇万トンから八年には約一〇八万トンに増加している。このうち、大部分を構成する日本向け輸出量は、約五七万トンから約一〇一万トンへ増加した。

大連がとくに成長した理由としては、

「日本が講じた大連中心主義の一連の政策をあげることができる。それは鉄道・港湾施設の充実から、商品取引機構・金融機関の整備に至るまで広範囲に亘ったが、日本人商人が貿易の商権を握っていった点にも注目しておきたい。歴史的に牛荘が中国関内との関係が強く、中国人商人が商権を押えていたとすれば、日本の統治下にある新興の大連を強化することは、日本が満州に経済的勢力を扶植し、植民地化を進める第一歩にほかならなかった」（金子文夫『近代日本における対満州投資の研究』）

満鉄創業期の鉄道営業政策の特徴も、「大連中心主義」の一語に要約することができる。関東州に位置する大連を満州の物資流通の拠点と設定し、大連中心の輸送体系が展開されたのである。

まず第一に、大連を起点とする満鉄本線の輸送力の強化である。たとえば既設線の広軌化、複線化、機関車・車輛の充実等が行なわれた。第二に、輸送関連部門の拡充、たとえば車輛工場から港湾、海運、倉庫、旅館などの拡充が行なわれた。なかでも大連港は徹底的に拡張整備された。その結果、大連は短期間のうちに中国有数の貿易港へと発展した。また、大連埠頭の荷役作業を満鉄の直営とし、労働力統轄機関として福昌公司が設立された。

一方、鉄道、港湾と連携する海運事業でも上海航路、華南沿岸航路、近海航路を相次いで開設し、大正四（一九一五）年には、近海航路部門が独立して満鉄全額出資で大連汽船株式会社が設立された。

運賃政策でも、通常の運賃体系では満州内陸から海港までの運賃は営口が大連より近距離なので有利なのだが、双方の運賃を均等にして大連の不利な地位を解消する「特定運賃制度」を設けた。この制度に大豆三品貸切扱特定運賃制度を併用すると、大連行き貨物は五〇％以上の大幅な割引運賃の適用を受け、大連と営口は運賃上は対等の立場に立つこととなった。鉄道輸送能力、港湾設備、倉庫、金融機構等の諸条件を考えたとき、大連が営口より遥かに有利な地位を獲得したのである。

さらに満鉄は、貨物顧客に対する商業・金融・輸送上の便宜の供与として「混合保管制度」というものを考案・実施した。この制度は、顧客の申し出による検査に合格した大豆などに等級を付け、荷主に証券を交付する。この証券が提示されれば指定駅において同等級、同量の貨物を引き渡すというものだ。たとえば、長春で一等品大豆を買い付けて大連に輸送した場合、その現品が大連に未到着でも、大連で一等品大豆の受領ができるという制度であった。つまり、満鉄としては実際の品物を運搬する必要がなくなり、荷主にしても、相手先に証券だけを送れば済む。

まず明治四十五（一九一二）年に豆油、翌年に豆粕、大正四年に撒《さん》大豆の順で試験的に実施し、大正八年には袋入り大豆混合保管制度という本格的段階に移行した。

もっとも、混合保管制度は品質の一定化や取引の迅速化に貢献したが、満鉄沿線の特産商には打撃を与えた。というのは、それまで大連の特産商は沿線の特産商と連絡して大豆を入手していたが、混合保管制度により一定の品質の大豆を大連で入手できるようになり、沿線市場の特産商と取引する必要性がなくなった。沿線の特産商にとっては取引を減少させる制度だったのだ。

「大連と満鉄沿線の日本人特産商は混合保管の際の標準大豆の品位をめぐっても対立した。大連側は良質な大豆を得るためできるだけ品位を高くしようとしたのに対し、沿線側は少しでも品位を低くして大量の大豆を大連へ送ろうとしたからである。こうした対立からは、満州の日本人特産商と一口にいっても、どこを拠点にしたかにより利害が分かれ、一枚岩的な行動はとっていなかった点が指摘できよう」（塚瀬進『満州の日本人』）

満鉄の事業のなかでも鉄道部門の収益は多く、満鉄のドル箱的部門であった。鉄道収入の内訳は貨車のほうが客車より多く、全体の六〇〜八〇％を占めていた。

輸送数量では明治四十三年、大豆・豆粕二三・六％、石炭三〇・三％で石炭がやや多かった。輸送量は石炭のほうが多いにもかかわらず、運賃収入では大豆・豆粕四八・八％、石炭一二・八％であり、大豆・豆粕がまさっている。だがその後、運賃収入に大きな割合を占めた大豆・

豆粕の輸送量は減少傾向を示し、昭和五年では輸送量は一四・五%、運賃収入は二九・六%にまで落ち込んだ。これに対して石炭の輸送量、運賃収入は増えている。満鉄が輸送した石炭の大部分は満鉄が直営する撫順炭鉱の石炭であり、満鉄は撫順炭を輸送して収益をあげていたのである。大豆・豆粕と石炭の運賃収入を合わせるならば六〇%前後になり、満鉄の収入は大豆・豆粕と石炭の輸送に依存していたといえよう。

ともあれ、こうして大豆の品質向上、規格統一が図られ、大連を中心に流通の合理化が進められ、商業・金融・輸送の全体にわたって大連中心主義が確立していったのである。

この他に関東都督府が自由港制度を採用した点も、大連貿易が拡大した要因として挙げられる。大連へ送られる物品のうち、関東州内で消費されるものと再輸出されるものは非課税扱いとされた。このため中継港として大連は注目され、多くの物資が集まったのである。

ユートピア大連

大連はもともと小さい漁村に過ぎなかった。ところが一九世紀後半、清朝はヨーロッパ列強の圧力に屈して、明治三十（一八九七）年には東清鉄道を敷設するためロシアにより中東鉄道会社が設立され、翌年には清国はロシアとの間に旅順と大連を租借地とする条約を結ぶ。帝政ロシアは新たな商港を持つ商業都市の建設を目ざすことになり、選ばれたのは、大連湾に面した人家少なき寒村の青泥窪《チンニーワー》である。ここには、旅順にはない魅力があった。商港として不可欠な多数の埠頭の建設が可能で、市街地に適した広大な平地・丘陵地を擁していたからである。

帝政ロシアの世界政策は、北に偏った国土であるが故に、不凍港を求めて南に勢力を拡大するというものであったが、広大な国土を結ぶ鉄道網とともに、遼東半島南端の租借が必要条件であった。旅順も不凍港で、軍港としては適していたが、新たな都市を建設するには手狭で、港湾都市、商業都市としては適していなかった。ロシアが描いた「東アジアの不凍港を確保し、そこから東アジアの豊富な資源を鉄道で本国に運ぶ物流拠点」というプランには、大連が最適であったのだ。

帝政ロシアは、この新たな都市を「遠方」を意味する「ダーリニー」と名づけ、その建設を東清鉄道に託した。それは、欧亜間を結ぶ鉄道の終着点に商業都市を建設して、海を支配して世界制覇を目ざした大英帝国に対し、大陸国家ロシアの心意気を示すことであった。

東清鉄道がつくったダーリニーの都市計画は、一九世紀後半の都市改造で現在のようになった放射状街路を持つパリをモデルとしていた。さらに市街地を東西に二分し、大連湾に注ぐ青泥窪を境にして、東には欧米人の街、西に中国人の街を配した。

明治三十八（一九〇五）年二月、ダーリニーはポーツマス条約によって租借権を獲得した日本軍によって「大連」と改名された。西澤泰彦『図説・大連都市物語』では、「この改名はたんなる都市名の変更ではなく、新たな都市名を付すことによって、この都市を日本が恒久的に支配していく意志を内外に示したものであった」と記している。時を同じくして、青泥窪軍政署は機構改革を行なって人員を大幅に増やし、大連軍政署として占領地大連の都市建設を担うこととなった。

まず喫緊の問題は、水道であった。これは単に住民に良質な水を供給するという問題だけでなく、大連港が国際港として発展するために重要であった。停泊中の船舶に水の補給ができなければ、港湾都市としては失格だ。加えて、蒸気機関車全盛期の当時、鉄道にとっても給水は重要であった。ダーリニー時代の水道は、馬蘭河《ばらんが》の伏流水や市街地に掘った井戸から取水・供給していた。

日本軍の占領後、大連の人口が徐々に増えると、新たな水源の確保が必要となり、まず馬蘭河の伏流水の取水量を増やすべく、水道施設の拡張工事が行なわれた。しかし人口増加は予想を上回り、この拡張工事が完成した翌年の明治四十四（一九一一）年には早々と水不足が始まった。そこで、馬蘭河上流の王家屯《おうかとん》にダムを設けて水源とし、大連西郊の沙河口《さがこう》に建設した浄水場に送水するという第二次拡張工事が行なわれたが、これが完成したのは大正十（一九二一）年のこと。この間十年にわたって、大連市民は水不足に悩まされた。

一方、港湾都市においては伝染病対策として、下水道の完備も必要不可欠であった。ダーリニー時代には行政市街にのみ下水が完備していただけなので、関東都督府は道路建設にあわせて雨水と汚水を同じ下水管に流す合流式の下水道の建設を進め、大正二（一九一三）年には当時の大連市街地のほぼすべてに下水道が建設された。

これにあわせて、関東都督府では「関東州下水規則」をつくり、住宅から道路下の下水管につながる排水管の設置を義務づけ、家庭の汚水をすべて下水に排水させた。この下水道は終末処理場を持たず、自然の浄化力に頼ったもので今日の感覚では時代遅れだが、当時としてはごく当たり前のものであった。下水はその後も市街地の拡張にあわせて建設され、これによって大連市内の住宅のトイレのほとんどが水洗となった。

これは、当時の日本人にとって驚異的なことで、『大連市史』にも「市街の全般にわたり下水道の完備せるは、東洋に於いては未だその比を見ず、本市の誇とするに足るもの」と誇らしげに記されている。

もっとも長造の三男・郁三によると、

「大連市は、その位置からして比較的穏やかな気候に恵まれていたが、たまたま冬季、大連市内に雪が深く積もったことがあった。また母の話では、大連に渡った頃の衛生状態は必ずしも良くはなく、コレラ等の伝染病がはびこっていたとのこと。私が中学生の頃も、伝染病で海水浴が禁止されたこともあった」

というから、現在の衛生レベルからいえば十分ではなかったのであろう。

大連は、満鉄の本社が置かれたことで、満鉄の城下町的な傾向を多分に持った都市でもあった。『図説・大連都市物語』では、庶民から見た満鉄をこう表現している。

「いずれにしても満鉄が大連に君臨していたことは間違いない。それは、国家・政府のレベルでも、財界のレベルでも、庶民のレベルでも、満鉄の大きな影響を受け、満鉄に依存しなければならない状況が存在していたことを意味している。日米安保条約下の日米両国の関係は、『アメリカがくしゃみをすると、日本が風邪をひく』とたとえられたことがあるが、満鉄と大連の関係もそれに似ていよう」

『満州の日本人』によれば、大連の雰囲気を、

「多数の中国人が住んでいたとはいえ、大連は中国的色彩の弱い都市であった。ある日本人は、『大連にいるとあまり支那のにおい』はせず、『大連はハイカラな臭いが分量において優っているように思われる』と述べていた。内陸部の奉天や長春では大陸性の荒々しい風が吹き寄せ、ほこりっぽさを感じることが多い。しかしながら大連は海が近いこともあり、吹き抜ける風は心地よい。何より日本人にとってうれしいのは、新鮮な魚介類が食べられる点である。これは

戦前の奉天や長春では絶対に無理であった。大連に暮らした日本人が抱いた満州の印象と、奉天や長春に暮らす日本人が感じた満州の印象は違っていたと思われる」

とさえ記している。

日露戦争後数年たち、大連のインフラや経済環境が次第に整備され、満鉄によって流通機構も整備され、横浜正金銀行など貿易・為替の金融機関が活動を開始するにつれて、商品の販路拡張や原料入手のため、一旗組の単身渡航のみならず、日本国内の商店・企業の支店（出張所）開設が相次いだ。満州での事業基盤を確立するために、満鉄本線の終点であり、沿線農産物・日本商品の発着駅である大連に拠点を設けて、そこに有力な店員・社員を派遣し始めたのである。

しかし日露戦争直後の軍政期に軍用達商で活況を呈し、民政開始後に満州進出熱による単身渡航者が相次いだ大連も、明治四十一、二年の不況の頃になると、事業に失敗して帰国したり他の植民地に流出する者が大量に出現した。

堺力商店も明治四十二年に大連出張所を設けたが、タイミングとしては遅きに失した感があった。

大豆貿易に再チャレンジ

長造は大正元（一九一二）年秋、今度は新妻を伴って再び渡満、瓜谷商店を設立、大豆貿易に再チャレンジする。

設立直後に最大の追い風となったのは、大正三年八月の日本の第一次世界大戦への参戦であった。

日露戦争で南満州への進出を果たした日本は、満州全土の独占を目ざして野望をふくらませていた。ポーツマス条約によって遼東半島の租借権と東清鉄道の長春・旅順間の経営権などを引き継いだが、遼東半島の租借権は明治三十一（一八九八）年から二十五年間であり、鉄道の経営権は三十六（一九〇三）年から三十六年間になっている。これでは本格的な満州進出は望むべくもない。日本はこれらの権利を「永久」に独占したいと考えていた。その日本にビッグチャンスが訪れた。大正三（一九一四）年七月に、ヨーロッパに戦火が上がったのである。

イギリスは同盟国日本に対独参戦を求めてきた。ドイツが中国から租借している膠州湾の青《チン》島《タオ》に根拠地を置くドイツ東洋艦隊が、インド洋などでイギリス商船を狙った通商破壊戦の構えを見せていたため、日本にその撃破を求めたのである。日本政府は対独参戦を決定し、イギリス政府に伝えた。その回答書は、「いったんドイツと交戦国になった以上は、単にドイツの仮装巡洋艦の撃破だけに限定することはできない。この際、東亜におけるドイツの勢力を破滅せんがため、成し得る一切の手段、方法を採ることが必要と思う」という対独全面戦争を伝えていた。

日本がドイツ租借地奪取を狙っていることを読み取ったイギリスは、あわてて日本への参戦要求を取り消してきたが日本は聞き入れず、ドイツに宣戦布告して青島攻囲軍を出撃させた。

ところが日本軍は清国が認めた交戦区域外までも占領、袁世凱《えんせいがい》の中国政府は抗議してきたが、日本軍は無視して占領を続けていた。青島が陥落して以後、中国政府は大正四年一月に日本軍の撤退を要求してきた。しかし日本はこれを拒絶、新たな要求を袁世凱に突きつけた。いわゆる「二十一ヵ条の要求」である。

その内容は中国の主権を踏みにじるものだったが中国はやむなく受諾し、条約は五月に調印された。この結果日本は、関東州の租借期間と満鉄および安奉線の経営権を九十九年間に延長させ、南満州における鉄道敷設権と諸鉱山の採掘権を獲得し、農業経営および商工業建設物のために土地を商租（賃借）する権利などを得たのである。

第一次世界大戦が勃発すると、満蒙経営悲観論が影響を与えていた大連経済も、一転して明るさを取り戻す。大連日本人の青島進出、大連商業会議所の設立、大連市特別市制の開始がなされ、大連日本人商工業者の営業活動も、大正四年以降は飛躍の時期を迎える。

大正五（一九一六）年以降在満日本人は増え、十年には約一六万六〇〇〇人を数えるに至った。都市別では、最も多かったのは大連であり、在満日本人の約四〇％が住んでいた。大連の日本人は大正四年には約四万人に、九年には六万二〇〇〇人に、昭和五（一九三〇）年には約一〇万人に達した。もっとも増えたのは日本人だけでなく中国人も増えていた。大連の日本人人口は昭和九（一九三四）年には約二一万人になり、同時期の広島や仙台を超える規模の都市になっていた。

第一次大戦期に大連の貿易額も大きく伸張した。大豆を中心とした輸移出額は大正三年では約五〇〇〇万海関両だったが、大正七（一九一八）年には約一億海関両に達した。輸移出、輸移入額ともに著しく増えたため、大連の総貿易額は三年からの五年間で約二・六倍に伸張した。

大連の街は、貿易の伸張とともに建物で埋まっていった。関東都督府は大連を貿易都市として、さらには満州経営の拠点にふさわしい都市にするため市街の整備を進めた。大広場（現・中山《ちゅうざん》広場）の周囲には市役所、警察署、横浜正金銀行、朝鮮銀行、ヤマトホテルなどが並び、壮麗な趣きを呈していた（これらの建物はみな現存する）。大広場を起点に道路は放射状に伸び、沿道には会社や商店が並んでいた。

こうした活気と経済膨張を背景に、瓜谷商店も活況を呈する。

「今度は、一は財界回復の潮流に乗ったため漸次利益を挙げる事ができて来た義兄（瓜谷英二）が再び出した神戸支店と連絡して、東京方面への販路開拓に力を注ぎ、それが着々と奏功して大正四年春迄、二年の間に八万円の資産を造り上げてしまった」（『特産王瓜谷長造氏伝』）

糧桟、混保証券、取引所の役割

大豆貿易を語る上で、糧桟《リャンザン》、混保証券、取引所の存在を避けては通れない。

まず糧桟とは、大豆、高粱《コーリャン》などを生産農家から買い取り、それを市場に流す中国人商人あるいは商店のこと。いわば農産物ブローカーである。

農産物流通の第一歩は、まず糧桟と農民との取引から始まる。広大な耕地から生産された大豆その他の農産物は、出回り期になると早朝から荷車に積まれ、長年の顔なじみである街の糧桟に向けて出荷されていく。糧桟では大集散地の相場を基準にして買入価格を定め、代金を現金で農民に支払う。年に一度の大金を懐にした農民は、そのまま街の糧桟宅に泊まり込み、銭湯に行って一年のあかを落とし、酒で収穫を祝い、一年分の生活物資を買い込んでいく。街の雑貨店や綿布店が賑わうのもこのときである。

「糧桟を訪れたことのある人は、店舗の両隅に置かれた大きな櫃《ひつ》の中に紙幣がぎっしり詰まっているのを見て一驚し、小さくても二十名や三十名分の宿泊施設や食堂を備えているのに感心したに違いない。また糧桟は、農民に対し春耕期その他の所要資金を融資もする。もちろん担保は出来秋の農産物だから、青田売りを約束したことになる。文書による契約などある訳はないので、対人信用を基盤にした簡単な農村金融でもある」（『兵庫穀肥物語』）

糧桟は買い入れた農産物を品質・銘柄別に仕分けして、大集散地の糧桟に売却する。主な街には糧桟が散在しており、小さなものはもっぱら土着資本家、やや大型になると河北省、山東省方面の資本系列によるものが多かった。ここから輸出品は大連向けに輸送されて、中国人または日本人経営の大手特産商の手に移される。

糧桟を通り越して農民と直接取引することを試みた商社もあったが、失敗に終わらざるを得なかった。

「その原因として、①度量衡不統一により取引が煩瑣であること、②通貨不統一により換算が危険であること、③農民の信用程度をはかり難いことの三点が指摘されている。要するに、統一的な国内市場が未形成な満州経済の発展段階においては、対農民取引に固有の機能をもつ沿線外市場糧桟の存在意義を否定しえず、外国資本（輸出商）の侵入は沿線市場までに止まるほかなかったのである」（金子文夫『近代日本における対満州投資の研究』）

糧桟相互間および特産商との取引は現物取引もあるし、先物取引もあるが、「混保証券」の売買も行なわれていた。先に満鉄の混合保管制度を紹介したが、この制度を利用する顧客はどの等級の大豆を何トン受け取ったかを書いてある担保証券を受け取る。この証券を提示すれば、いつでもどこでも証券に明示してあるのと同等級、同量の大豆を受領できる仕組みになっていた。証券すなわち大豆であり、大豆の売買は混保証券の売買をもって足りるわけである。混保証券は銀行でも割引いてくれたので、満鉄発行の一種の紙幣といえなくもない。満州の特産取引でこの混保制度の果たした役割は大きく、大豆取引が近代的な信用取引の範疇でスムーズに行なわれたのもこれに起因するものといえよう。

もともと大豆の取引方法は不備な点が多く、日本人特産商は中国人特産商に比べて不利な位置に置かれていた。中国人特産商も大豆が売れなければ損をすることに変わりはないのだが、集積した大豆を担保に金融機関から融資を受けていたので、すぐに売る必要はなかった。そのため中国人特産商は日本人特産商には強気でのぞみ、代金は現物と引き換えではなく、契約時に払うという取引をしていた。

日本人特産商が実際に大豆を受け取るのは、契約成立から四～五日後であり、はなはだしきは十～二十日後ということもあった。契約後に大豆が値上がりしようものなら、中国人特産商は品質の劣る大豆を受け渡したり、破約さえ行なった。契約不履行に対する法的制裁が機能していなかった点も、日本人特産商にとっては悩みの種であった。

また、大豆価格は多様な要因の影響を受けて変動しやすかった。収穫量、市場の動向、世界市場の動向、油房の操業状況、中国側の金融事情など複数の要因が絡み合って騰落していた。その予測は難しく、不確定要素の多い商売であった。

これら中国人特産商の優位、法の不備、変動しやすい相場など、日本人特産商が大豆を取引する際には、いくつものリスクを抱えざるを得なかった。三井物産のような大資本があってこそ継続的にできた商売であったが、反面、状況によっては大金を手にできる可能性もあった。

「日露戦争後に大量の満州大豆が輸出されるようになったが、大豆取引は誰にでもできた商売ではなく特別な日本人がする商売であり、特産商は在満日本人のなかではわずかな人数であった。一定の修業を積み大豆取引のノウハウを身につけた日本人特産商、一攫千金をもくろみ危険な取引をあえて行なった日本人特産商、大資本を背景に大豆取引を行なった三井物産など、一口に日本人特産商といっても、いくつかのタイプがあったことを指摘したい」（塚瀬進『満州の日本人』）

大連大豆の取引の増大によって、特産物の安全かつ円滑な取引を目的として官営の取引所が大正二（一九一三）年に設置される。官営組織の取引所はそれまで日本には例がなかったが、満州のように日本人と中国人が混住し、さらに欧米人も取引に参加する地においては、民間や会員組織の取引所では、外国人の信頼を得ることが困難であったので、官営組織を採用することに決まったのだ。これによって大豆の取引はますます増大していった。この取引所開設も、瓜谷長造のその後のビジネスには大いに追い風になっていった。

大連から輸移出される大豆は大正八（一九一九）年には五〇万トンになり、昭和二（一九二七）年には一〇〇万トンを超えた。

大連における特産取引は、大連取引所における先物取引だけでも、昭和五年度には六億円余に達する盛況であった。

大正バブルの崩壊と瓜谷商店の危機

第一次世界大戦後の好況と官営取引所の開設は、瓜谷商店に絶好の追い風となったが、その好況も長くは続かなかった。

大正九（一九二〇）年三月、東京株式市場の大暴落を契機として発生した戦後恐慌は、ただちに大連にも波及し、大連市場は、金融梗塞に陥った。特産物相場は一斉に暴落し、一〇〇円に対して二月に二四〇円台を突破していた銀塊相場は、四月に二〇〇円を割り、六月には一四〇～一二五円の間を往来する状況になった。こうした銀価下落は、中国人の購買力の減退、満州輸入貿易の萎縮をもたらした。こうして大連で過熱していた企業ブームは、九年四月頃より急速に収縮し、会社の休業・解散・合併が相次ぐことになった。大連の代表産業である特産物輸出業、大豆関連品製造業にも深刻な不況が到来した。

瓜谷商店も、義兄（戸籍上は義父）瓜谷英一が事業に失敗したために、その被害をこうむる。「商売は七転び八起きが常とはいえ、剛腹《ごうふく》な義兄の遣り方が禍《わざわい》して、義兄の店は破産し、再起の見込みがなくなった。禍はこれに止まらなかった。義兄の店と密接な取引関係を持続して来た（長造）氏の店は、これに劣らない打撃を受けたのであった。即ち、その店に対する売掛代金の回収不能は勿論のこと、送附した商品は相手に引受け能力がなく、その店の注文によって買いつけた分は何とか処分せねばならぬし、実に惨憺たる痛手を蒙ったのであった。然し他人に迷惑をかけることを最も苦痛とする所の氏は、百方奔走して、自店に関する分は銀行取引先等残らず決済を完了したため、再び無一文となった。この際、多少の資金が手に残ったにしても、連絡店が没落してしまった以上、再起は甚だ困難といわねばならない。ましてや無一文となったのであるから、流石の氏も万策尽きて、哀れ壮図《そうと》も空しく挫《くじ》けんかに見えた……」（『特産王瓜谷長造氏伝』）

この苦境を救ってくれたのは、ある銀行の支配人であった。

「然し天は至誠の人を殺さない。氏の従来の堅実な遣り方と整理の際の男らしい処置に多大な信用と同情を払った某銀行支配人が、今一度の旗揚げを慫慂《しょうよう》し、応分の援助をすることを申し出たのであった。倒れてなお初志の貫徹を忘れぬ氏は、渡りに舟と喜んで早速その好意を受ける事とし、三度目の開業を決心した。そして当該銀行より貸出しを受けた少額の金を資本に、又もや商戦場裡《じょうり》に打って出た。氏の昔日の信用の余慶で、割合に仕事がなし易く、年々一、二万円の利益を計上する好調が続いて、二、三年の内に確固たる地盤を築くことができた」(『特産王瓜谷長造氏伝』)

こうして、瓜谷商店は激しい淘汰の波を潜り抜ける。

「大正十四年現在、大連重要物産組合には三十八商店が加入(うち七商店は中国人商店)していたが、そのうち日本人企業でみるべき業績をあげていたのは、日清製油、三泰油房、三菱商事大連支店、鈴木商店大連支店など大手四社と瓜谷商店(代表・瓜谷長造)にほぼ限定されていた。中小特産物商店の多くは、大豆油の過剰生産、取引所における投機への参入とその失敗、内地本店の業績悪化と対外負債の増大などの諸要因によって、事業縮小や休業に追い込まれていた」(柳沢遊『日本人の植民地経験』)

瓜谷商店の基礎が固まったのは、大正時代の後期であると思われる。

瓜谷商店の成功

その後の長造の経営について、『特産王瓜谷長造氏伝』はこう述べている。

「当時、巨額を利したものは独り瓜谷氏に止まらず、各種商工業者を通じて夥《おびただ》しい数に上ったのであったが、その多くは放漫な事業熱に浮かされて、（第一次世界大戦）戦後の反動期には元子とも失い去り、槿花《きんか》一朝の夢を嘆ずる運命となったのである。然るに瓜谷商店がこの間に処して毫末《ごうまつ》も揺ぎを見せなかった一事は、実に氏の経営振りの堅実を雄弁に物語る資料である。

氏は堺力商店（洋行）の没落以来、切に投機の危険を感じ、相場の激しい騰落と離れることのできない商品を取扱いながら、始終投機を避けて来た。欧州戦中、凄じい勢いで勃興した事業熱に対しても、この心掛けを失わず、株式投資には多大な戒心を加えた。然しながら如何に要心深い氏といえども、一個の商人として立つ以上、あの際絶対に株式投資をしなかった訳ではない。実際やるにはやったのであるが、氏はたとえ投資額全部が損失に帰しても、本業に障害を来さないと信じられる範囲内で投資をしたのである。故に三十万円程の損害を受けたのであったが、店礎には些《いささ》かの影響も及ぼさず、疲弊困憊の中に喘ぐ同業者中を闊歩して、益々信用を高め、利益を獲得して、遂に今日の地位に到達したのである」

当時、瓜谷長造の人物紹介をしている記述はいくつかあるが、すでに財閥系商社と肩を並べるに至ったとしている。

三菱商事は満州進出では三井物産に遅れをとったが、それでも、二大商社の一角として大豆に目をつけ始めていた。大正十（一九二一）年十月には大連で大連油脂工業会社の油房を買収し、これを自営するとともに、これを足場に相場商品である大豆および大豆油取引に本格的に乗り出した。

「大連にはこの頃三十余の油房があり、南満州各地より買い集められた大豆を搾って豆粕と大豆油を生産していたが、日本人経営になるものは三井の三泰油房、日清製油の日清油房、豊年製油の抽出法による油房、及び後年瓜谷商店の経営せる油房と当社の油房位のもので、他は全部中国人の経営であった。満州の大豆は相場により買い付け、利が乗れば売り、さもないと自己の油房で油と粕にして売りさばく、すなわち油房を一種の緩衝機関として相場商品に臨んだのである」（『三菱商事社史』）

当時、大豆の取引だけでなく、その緩衝機関として油房を持つことも必要であったらしいが、三井・三菱の巨大財閥系、地元中国人経営の油房と伍して、瓜谷商店が孤軍奮闘している様子が垣間見える。

「越中からは実業界方面に幾多の大人物を輩出しているが、同国人の特性たる堅忍不抜の精神こそは今も昔に変わりはない。越中褌《ふんどし》は亡びても、越中富山の反魂丹《はんごんたん》は亡びない。実にこの反魂丹こそは日本売薬の元祖であるだけに、全国津々浦々迄普及しているのは疾《と》っくの昔、今では海外に迄進出しているから凄じい勢いではある。越中人の海外に志を延ばすものまた、近来めっきり殖えて来ている。瓜谷氏は恐らく越中人の総て有る特徴を具備しているといっても憚らない、生粋の越中マンであるが、その人となりは決して辺幅《へんぷく》を飾らず、飽く迄恬淡、明鏡止水といった境地である。

満州は特産どころだけに、ブーム熱が煽られた時代には、大連でも二十数軒の特産邦商が大手筋として門前市をなす堂々たる暖簾を張っていたものだが、一朝パニックの風に誘われるや、直ちに門前雀羅《もんぜんじゃくら》を張り、今では見る影もなく没落してしまった。その中に在って独り瓜谷氏のみが、三井、三菱等の財閥を向こうに廻して、互角の太刀打ちをやって来たことは、慥《たし》かに一つの偉観たるを失わぬ。今や『高い山から瓜谷瞰《み》れば、瓜や茄子《なすび》の花盛り』といった風情で満州実業界を俯瞰している。彼氏の得意や想う可しであろう」（西坂巳義『満州人物界』）

「満州に於ける特産商として三井、三菱等の会社組織なるものと肩を並べ、個人経営として遜色なきものは実に瓜谷氏経営の同商店というべきである。（中略）敢えて投機的一攫千金的の壮挙に出でず、終始一貫して特産物取引を目標として、満州産業の開発と母国に於ける食糧人口問題に寄与すべき肥料の供給という事に専心し来たれるがために、自然その声望を高め、資産信用共に確実豊富たらしめ、少なくとも満州の実業家を以って任ぜらるるものがある」（大連市役所市史編纂室『大連市史』）

「企業ブーム期に多くの日本人特産商が思惑取引を試みたのに対し、堺力商店の倒産から学んで瓜谷は穏健堅実主義を貫き、顧客の選定にのみ注意を払った結果、一九二〇年代に順調な発展を示し（中略）興信所の調査でも正味身代が七五万～一〇〇万円（大正十三年、昭和二年）と推定されている」（柳沢遊『日本人の植民地経験』）

昭和二年当時の資産一〇〇万円といえば、今の貨幣価値に換算すればどれくらいになるのであろうか。

公務員や銀行員の初任給が、大正末期から昭和初頭にかけては七五円であった。現在のほぼ二七〇〇分の一である。これから推測すると、資産一〇〇万円は二七億円に当たる。

財閥系商社と伍して大手に

『日本人の植民地経験』の著者、慶応義塾大学教授の柳沢遊は、こうして一九二〇年代満州に

おける専門的経営者として瓜谷長造ら五人を紹介し、そこにほぼ共通しているのは、
①企業ブームや投機的商取引への禁欲的対応と、専門的職種への専業化志向、
②当該職種における技術、製品販売、原材料仕入、人事管理などの合理化・近代化による業績向上努力、
③満鉄による人的・資金的後援ないし技術的指導、
④同業組合における世代交代と関連した幹部役員経験、
と分析し、こう述べている。

「瓜谷長造の場合は、穏健堅実主義と顧客選択により、他の業者が陥った投機的取引にまきこまれなかったことが、大手商社に伍した個人商店としての発展を可能にしたといえよう」

さらに、他の四者が満鉄の厚い後援・庇護を受けていたことを指摘する。

「このように、瓜谷長造をのぞいて、四つの企業・商店は、多かれ少なかれ、満鉄によるバックアップをうけて発展したのである」

こうした専門的経営者は、やがて政商的経営者を追い抜き、追い越していく。

「政商的企業家の財界における地位の低下は、もはや明白となり、彼らの名望家的機能によって統合されていた個人商店主の多くは、大連商業会議所の諸運動から自立した独自の動きを示すようになる。こうして、専門的経営者の台頭は、大連日本人経済界の分裂という逆説的帰結

をもたらしていったのである。まず、政商的企業家の後退動向をみる。前述のように、大正十一（一九二二）年時点の常議員の半数近い二十三名が、政商的地場企業家であったが、十四（一九二五）年夏には、十四名に減少した。これにかわって地場企業家のなかで比重を増やしつつあったのは、経営の合理化・近代化を志向する専門的経営者層であった。十年における専門的経営者常議員は、原田猪八郎（原田組）、岡田徹平（大連油脂工業会社）の二人のみであったが、十四年には小川慶治郎（大連醤油会社）、井上輝夫（満州製麻会社）、村井啓次郎（大連海上火災保険会社）、桝田憲道（大連工業会社）、佐治大助（満州水産会社）、瓜谷長造（瓜谷商店）の六人に増加した」（柳沢遊『日本人の植民地経験』）

大正十四（一九二五）年八月から九月にかけての四十日間を会期とした大連勧業博覧会は、約八十万人の入場者を迎えて成功裡に終了したが、注目されるのは個人寄付者の顔ぶれである。相生由太郎など政商的企業家が相変わらず多額寄付を行なっているが、他方では、原田猪八郎、瓜谷長造などが一〇〇〇円の寄付金を納付している。

大連で活動した日本人特産商の変遷は激しく、大連商工会議所が昭和四（一九二九）年に出した『大連特産市場不振の原因と其対策』では、こう述べている。

「日露戦争後に大豆取引が始まって以来、現存する特産商は三井物産、三泰油房、日清製油の三者に過ぎず、十箇年以上継続せるものは瓜谷商店、油谷商店を算するのみにして、福昌公司、永順洋行は今や全く特産市場と交渉を絶つに至っている。（中略）好況時代、即ち大正七、八年の更に於《こう》いて邦人特産商の数、一時百を超えたるに対し、現在その半数に満たざる情勢である」

鈴木商店倒産と張作霖爆殺

大正後期から昭和初めの一九二〇年代に至ると、満鉄は再び対満州投資全体に占める地位を高め、同時に社内事業部門の一部を分離・独立させ、一種のコンツェルンを形成する勢いを示した。大豆輸出の好調が、この時期にも満鉄発展の原動力となっていた。

経営路線長は、満州事変前の昭和初期の一一五〇キロから、昭和十（一九三五）年には七五〇〇キロとなった（最終的には、第二次世界大戦末期に一万キロ以上に達している）。

大正十二（一九二三）年九月の関東大震災による経済的打撃が尾を引いて、いくつかの銀行で取付け騒ぎが起き、昭和二（一九二七）年三月、日本国内で金融恐慌が起きる。若槻内閣は神戸の大商社・鈴木商店（大連の大豆貿易でも大手であった）に対する巨額の不良債権を抱えていた台湾銀行の救済を図るため、緊急勅令を発しようとして反対されて総辞職に追い込まれた。その後の田中内閣は支払猶予令を発して、全国の銀行を一時休業させる荒療治でなんとか恐慌を鎮めたが、結局、鈴木商店は倒産に追い込まれた。

元三井物産社員の村田米太郎は、当時を振り返ってこう語っている。村田は昭和四年に三井物産に入社、戦後国鉄総裁になった石田礼助が支店長をしている大連支店に配属になり、足かけ十七年間、大連で働いた。

「金融恐慌は私の入社前ですが、あとで先輩に話を聞いたところによると、鈴木商店がつぶれ、大豆相場も大暴落でものすごく大変だったようです。台湾銀行をつぶすわけにはいかないので、結局その身代わりに鈴木商店がつぶされてしまったんです。鈴木商店の金子直吉という人には三井も三菱もかなわなかったです。だから三井や三菱がどれだけの謀略を計ったか分かりませんが、すべてを台湾銀行に押し付けて無理心中させてしまったわけです。鈴木商店大連支店は有力な支店で、三井や三菱をしのいで大豆取引もナンバーワンでした。私が昭和四年に大連へ赴任したときは、鈴木商店の残党がまだ大勢、ぶらぶらしていました」

鈴木商店に残っていた幹部が始めたのが日商であり、それが日商岩井になり、今の双日の前身となっている。

一方、中国では大正四（一九一五）年に袁世凱の帝政樹立策に反対して国民党が挙兵、八年には孫文が中国国民党を結成、以後は内乱状態になっていた。そこにつけこんだ欧米列強が植民地化を競い、反帝国主義の民族運動も盛んになっていた。大正十三（一九二四）年には中国国民党と共産党とが第一次国共合作を行ない、軍閥打倒の方針を打ち出した。孫文の死後、後を継いで国民党の指導者となった蒋介石は、全国統一を目ざしていわゆる「北伐」を開始した。

蒋介石の北伐軍が揚子江下流地帯を席巻し、さらに北進をつづける形勢にあった頃、北京政権は張作霖《ちょうさくりん》が握っていた。張は馬賊の頭目あがりであったが、日本軍部の援助で満州の地方軍閥にのし上がっていた。北京で袁世凱が勢力を失墜したまま死去すると、彼は奉天省を本拠として満州第一の勢力となった。

昭和二（一九二七）年五月、日本軍は北伐に対抗するため、張を押し立てて、「居留民保護」という名目で中国・山東省に出兵する。日本側は張を満州一帯の反共防波堤として利用したのだが、彼の勢力が強大となり、奉天から出て北京にまで進出して野心を太らせるのは面白くなかった。張自身も勢力に自信を得て、ことごとに自主性を要求し、日本軽視を見せ始めてきた。この頃から、出先関東軍の若手幕僚の間には張に対する不信と、張にひきずられている軍首脳に対する批判とが起こってきた。

日本政府も、もはや蒋介石による中国統一が確実視されるのを見て、この際張作霖を北京から引揚げさせ、東三省経営に専念させる、と方針を変える。日本公使の説得で、張もようやく奉天に帰ることを承諾した。

昭和三（一九二八）年六月、関東軍の一参謀はひそかに北京から奉天に引揚げる途中の張の乗る列車を爆破し、張を殺害した。陸軍は当初、これを中国国民政府の仕業だと公表したが、国際的な疑惑と野党の追及で関東軍の仕業だと事実上、認めざるを得なかった。

張作霖爆殺事件の直後、蒋介石は三十万の軍隊を率いて北京に入り北伐完成を宣言した。こうした情勢をみて、父の地位を世襲した張学良は東北軍閥として生きる道を捨て、国民政府の統治下に入ることを申し出た。その際、国民革命軍（中国国民党の軍隊）は東北（満州）に入らない、東北の軍事と政治に干渉しないことなどを条件とし、蒋介石は「易幟《えきし》と三民主義に従うならそれでいい」と応じた。易幟とは、張学良が使用していた五色旗に代えて国民政府の青天白日旗を使用することである。

同年十二月二十九日、奉天（現在の瀋陽）の各役所は一斉に青天白日旗を掲げ、易幟を断行した。同日、蒋介石はこれを評価して、張学良を東北辺防総司令官に任命した。張は日本軍の保護下に入ることを拒絶し、国民政府の統治下に入ることを選択したのである。

満州の実権を握った張学良は日本に対して激しい排日運動を展開した。たとえば、大連港に対抗して葫蘆《コロ》島に貿易港を築き、満鉄線を包囲する三本の幹線道を十五年間で建設するとした。実現すれば、満鉄の収益は激減する。排日政策に対して、関東軍は過敏に反応した。作戦参謀として石原莞爾中佐、次いで板垣征四郎大佐を高級参謀に任命した。

ピークを迎えた満州大豆の収穫輸出高

実はこの頃が、満州大豆の収穫高・輸出高ともにピークを示している。昭和三（一九二八）年の大豆収穫高は約五〇〇万トン、ひきつづき伸長して昭和五（一九三〇）年にはピークの五三〇万トンを記録する。この間、大豆生産は作付面積においても収穫高においても農産物中の三〇％内外を占め、満州特産の王座を占めた。

「また大豆は、その商品化率（市場出廻率）が八〇～八三％と非常に高く、大豆生産と不可分の関係にある糧桟、油房などが農家より買い付けて、そのまま、または加工してその大半を外商を通じて国外市場に送っていた。この結果、昭和五年における大豆三品の輸出数量は大豆約二〇〇万トン、豆粕一五〇万トン、豆油一四万トン、合計三六四万トン。また、総輸出価額に占める比率では大豆が二九％、豆粕一七％、豆油七％弱、合計五三％弱に上っている。なお満州大豆産品の輸出上のピークは昭和四年であって、この年の輸出総額に占める大豆三品輸出の比重は、その約六割にも達したのである」（山本有造『「満州国」経済研究』）

大正から昭和にかけて、豆粕は家畜の増殖を促進するのみならず、安価に肥料を供給することから、疲労困憊に陥りつつあった日本農村の危機を救うとさえ謳われた。さらに醤油、ソース、味の素、ビスケット等の食料品原料およびセルロイド代用品、水性塗料その他の工業原料として利用されるようにもなった。

満州産の大玉大豆粕は巨大な輪状の塊に成形されていた。大連の苦力《クーリー》は大豆粕の円盤を一度に七枚までかつぐが、神戸港では沖仲仕が三枚ぐらいしかかつげなかったといわれた。

昭和に入ると豆油は灯用、減摩用、あるいは食料用のみに止まらず、化学工業の発達に伴って様々な新用途が開発された。

たとえば精製油（サラダ油）、人造牛酪（マーガリン）、石鹸、蠟燭、グリセリン、脂肪酸、防水剤、塗料（ペイント、ワニス、リノリウム）、皮工業用剤などだ。とりわけマーガリンや硬化油として広く使用され、欧米においては綿実油、亜麻仁実油、椰子油等と並び重視されるようになっていく。

なぜ欧州で大豆が必要になったかというと、乳牛の餌が少なくなりカロリーが落ちてきたので、彼等の好きなバターがあまりできなくなったせいである。結局大豆から採った油でマーガリンを作る方法をドイツが発明して大豆を満州から仕入れた。

だが、昭和四（一九二九）年十月、ニューヨークの株式大暴落を契機に世界恐慌が起こる。元瓜谷商店の従業員だった尾山政利はこう語る。尾山は長造と同じ富山県新湊出身で、地元の商業学校の支那語科を卒業、昭和十五年に大連に渡り、瓜谷商店で一週間の見習い後、終戦時まで工場勤務、十九年からは経理を兼務していた。

「先輩から聞いた話では、昭和四年の世界恐慌では大豆の値段も下がり始め、もう一つ、おやじ（長造）は、銀の相場で非常に苦労したそうです。一時、店じまいをして日本へ帰ろうとしたらしいです」

一九二〇年代の再三の恐慌に対して政府は日銀券増発によるインフレ的な放漫財政をとっていたので、大正六年以来の長期にわたる金輸出禁止とあいまって、外国為替市場は下落と動揺を重ねていた。

そこで、浜口雄幸内閣は昭和五年一月から金の輸出を解禁して、為替相場を安定させ、輸出を促進して景気を回復しようと図った。ところがその直前の世界恐慌のために逆効果となり、輸出は激減、金の流出も激しくなった。

昭和六年十二月、犬養内閣（蔵相高橋是清）は金輸出再禁止を断行した。

「日本の金輸出再禁止でも、大豆の大暴落が始まっています。満州の大豆の状況が非常に悪くなって、作付け面積も減っていく。当時、大連相場もありましたが、ロンドン市場の大豆相場が全世界の相場を決めていました。おやじも非常に暴落して困ったらしい」（尾山政利談）

満州事変と満州国建国

中国・国民政府は中国全土に高まりつつあった民族運動を背景に、これまで列強諸国に与えていた様々な権益を回収しようという国権回復に乗り出した。これに対して満州は日本の特殊権益地帯であると同時に対ソ戦略地点、重要資源供給地として生命線であるとする日本側、とくに陸軍は危機感を持った。

昭和六（一九三一）年九月、奉天（現・瀋陽）の郊外、柳条湖で満鉄の線路爆破事件が起きると、関東軍はこれを中国側の仕業と称して直ちに軍事行動を起こし、奉天、長春、チチハル、ハルピンなど満州の主要都市を占領した。いわゆる満州事変である。

関東軍は張学良政権を排除したのち、満州に新政権を樹立する計画を推進、政府の反対を押し切って昭和七（一九三二）年三月、満州国の建国宣言を行なった。清朝最後の皇帝であった溥儀が執政という名の国首につき、王道楽土と五族協和がその目ざす理想であるとした。しかし、その内実は日本の傀儡政権であった。

日本政府は軍部の作り上げた既成事実を認め、同年九月には日満議定書を取り交わして、いち早くその独立を承認した。

だが国際連盟は、満州が独立国家として認められるかどうかを調べるリットン調査団を現地に派遣し、調査の結果、満州に対する中国の主権を認めると同時に日本の権益も保障し、自治政府の樹立と日本軍の撤退を解決案として提示した。

翌八年二月、国際連盟は満州に対する中国の主権を確認し、自治政府の樹立と日本軍の撤退を勧告した決議案を総会で採決に付した。反対は日本のみで圧倒的賛成で決議された。日本軍は、熱河《ねっか》省でも軍事行動を起こした。

日本は、その後、国際連盟を脱退する。五月、日本軍は中国軍と停戦協定を結び、満州事変はひとまず収拾された。

満州国は東三省と熱河、興安を加えた五省からなり、新京（現・長春）を首都とした。建国当時の人口は約三〇〇〇万といわれたが、日本人は租借地・関東州の旅順、大連、奉天、さらに撫順、鞍山、長春などを中心に約二四万人で、全人口の一％にも満たなかった。

建国八年が経過した昭和十五（一九四〇）年になると、日本人が一万人以上を占める都市は十三にまで増えた。主な都市の日本人の人口は次の通りである（日本人の多い順、カッコ内は総人口。『朝日年鑑』昭和十七年版などによる）。

大連　一七五、四八三（　五九〇、八五七）

奉天　　一四五、八五九（一、一八五、一一二）
新京　　一〇二、八五九（　四四七、三〇〇）
ハルピン　　四四、三三六（　五四五、九八八）
鞍山　　四四、二六七（　二〇七、二四五）
撫順　　四一、一四九（　二五二、五一〇）

主要十四都市の総人口は約四四〇万人、うち日本人は約六九万人であり、日本人の割合は約一六％であった。都市の中の日本人比率では、大連の三〇％がトップであった。

建国当時の人口三〇〇〇万人は、昭和十五年になると約四二〇〇万人と推定されていた。すでに日本からの開拓団が続々と移入しており、都市人口と開拓団を合わせてかなり多めに見積もっても約一〇〇万人と推定されるが、全体に占める比率は約二％強である。

「この〝少数民族〟を支配者として絶対的優位に保たせていたのが、ほかならぬ兵力三〇万を超える関東軍そのものだったのである」（太平洋戦争研究会編『図説・満州帝国』）

満州国が成立すると、満州国の経済建設、日満ブロック経済の強化を目ざして、対満州投資は飛躍的に拡大した。

鉄道部門では、中国側鉄道が「満州国線」として再編されるとともに軍事的要請から新線建設が推進され、さらに昭和十（一九三五）年に中東鉄道が買収されるに及び、鉄道投資は急膨張を遂げ、同時に満鉄による満州鉄道全体の一元的管理が実現した。金融部門では満州中央銀行が成立し、同行銀行券による銀本位幣制統一を短期間に達成した。そして日本円とのリンク、金本位制への転換が行なわれ、積年の課題であった満州の円系通貨圏への編入が一応完成することになった。

「対満州投資ルートとしては、昭和十一年までは満鉄が主軸、『満州国政府』が副軸の役割を果たしていたが、軍需に主導された重化学工業・鉱業投資が本格化する十二年以降は、満鉄と満業（満州重工業開発株式会社）が二大基軸をなすに至った。満業の設立は、国家と財閥資本との結合の新段階、戦時植民地投資会社という国家資本の新しいタイプの出現を意味していた」（金子文夫『近代日本における対満州投資の研究』）

明治から大正にかけて財界において大きな勢力を振った三井・三菱など既成財閥に対して、昭和初期に重化学工業を中心にコンツェルンを形成し大きく発展した新興の財閥群も登場していた。軍部、とくに関東軍が一時、満州から既成財閥を排除する方針をとったので、これに乗じて新興財閥は軍部と結び、満州事変以後、満州に進出するなどして急成長を遂げた。中でも日本産業株式会社を中心に発展した鮎川義介《あいかわよしすけ》の日産コンツェルンは昭和十二（一九三七）年、満州重工業開発株式会社を設立し、満州経営に大きな役割を果たした。

大豆三品輸出の減退と回復

『「満州国」経済研究』は、「満州国」期に入ってからの貿易構造の変化を概観すると、

「貿易額とくに輸出額における長期的減退、対日貿易とくに対日輸入の絶対的・相対的拡大と対中貿易の絶対的・相対的衰退、貿易収支における入超構造への転化、という三大傾向が明瞭に読みとれる」

と分析している。

輸出の絶対的減少が大豆三品輸出の減少によることは、満州貿易に占めたその比重の大きさから当然予想される。その主因は、昭和四年十月に始まった世界恐慌の波及と中国市場の閉鎖、保護貿易主義の世界的風潮、とくに英米経済ブロック化の傾向と満州事変の影響、昭和七年以来の連年の大水害、満州農業における作物と作柄の変化を挙げることができよう。

まず大豆についていえば、その主要市場を欧州に求めてきた関係上、なによりも世界恐慌の影響を大きくこうむった。大豆輸出は昭和四（一九二九）年に数量・価額ともピークに達したのち、恐慌による価格低下と需要停滞をうけて急落し、大正後期～昭和初期の繁栄をとりもど

すことはなかった。豆粕輸出も、日本における化学肥料の普及と中国市場の喪失により減退し、豆油輸出も欧州における製油業の発達と原料転換により打撃をうけた。

昭和十一（一九三六）年に至ってようやく世界恐慌の沈静と満独貿易協定の影響により、特産三品の輸出は二億八四〇〇万円に増加し、したがって輸出総額は一挙に六億円を突破するに至った。

その後、世界的な準戦時的景気と、日中戦争勃発以来の日本におけるインフレの進展に伴い、輸出は年々増加していった。昭和初期の満州大豆の年産量は概ね四〇〇万トンといわれ、その半量強が大豆のままインド産麻袋に詰められて、欧州または日本向けに輸出された。

急成長を遂げた満州の輸移出品を品目別に見てみよう。

豆粕	二九三八万海関両	（三五・八％）
大豆	一〇九一〃	（一三・三％）
豆油	七三五〃	（　九・〇％）
石炭	六五八〃	（　八・〇％）
蚕糸	四〇七〃	（　五・〇％）

以下略

（金子文夫『近代日本における対満州投資の研究』満鉄調査課『北支那貿易年報』大正六年版）

資料的に南満州に限定されるが、輸移出品では大豆三品が全体の六割近くを占めていた。日露戦争前よりも多少比率を下げたものの、依然として大豆に特化した構造を維持したまま、規模を拡大させていったことがわかる。

次に輸移出相手先の構成を見てみよう。

中国	三六六九万海関両	（四四・七％）
日本	三五一七〃	（四二・八％）
朝鮮	四二四〃	（　五・二％）
香港	一五〇〃	（　一・八％）

以下略

（金子文夫『近代日本における対満州投資の研究』満鉄調査課『北支那貿易年報』大正六年版）

これを見ると、中国と日本に集中していることが明らかである。その他の地域との貿易規模はケタ違いに少なく、南満州の貿易については中国と日本によって決定されていたと言って過言でない。

前出の尾山政利によると、

「大豆相場は満州事変が始まっても良くならなかった。作付けも減る一方の状態でした。とにかく張作霖の支配というのは非常に農民をいじめていて、ようやく満州を関東軍が統一できたのは、昭和八年の熱河省攻略以後です。これで満州国の枠組みができて、翌九年に満州国が建国されます。この頃からようやく、大豆が値上がりするんです。急速に量も増えていく。大連の相場も毎日激しく動いていたらしい。満州の奥地へ行くほど、世界相場よりも値段が下がっていた、という記録があります」

ドロマイト、炭鉱経営にも事業拡大

瓜谷商店は昭和二年の国内の金融恐慌、四年の世界恐慌では激しく浮沈するが、その商取引の最盛期はその後にやって来たと思われる。昭和三年に発行された満州興信公所編『満州事業紹介』によれば、当時の瓜谷商店の欄で、「従業員数＝日支人合わせて八名」としていて、それほど規模は大きくなっていない。

昭和十五年に瓜谷商店東京支店に採用され、十七年四月に大連本店へ転勤することとなった清水福夫によれば、商取引の最盛期は昭和七（一九三二）年〜十三（一九三八）年頃であったという。

昭和十二（一九三七）年に瓜谷商店は創業二十五周年を迎え、記念祝事を行なって、得意先へ記念品を贈っている（大正二年＝一九一三年創業だが、数え年の数え方だと昭和十二年が二十五周年に当たる）。この頃が絶頂期であったようだ。

当時の瓜谷商店の事業内容は、昭和四十二年に大連会が制作した小冊子『瓜谷長造の略歴と業績』によれば、以下のようになっていた。

＊

一、特産関係（大豆その他の穀物輸出）

満州全域、即ちハルピン（筆者註・堺力商店大連営業所時代の同僚で長造の従兄でもある佐賀常次郎が経営する佐賀商店が中心）、新京（同・現在の長春。妻むめの義弟千葉修一がいた）、下九台、公主嶺、四平街、開原、鉄嶺、奉天、蘇家屯、営口等に専属買付機関を持ち、連日大量の大豆その他の穀物を買付けすると共に、大連重要物産取引所において現物並びに先物大豆、豆粕の買入品を加え、日本の小樽、新潟、伏木、東京、横浜、清水、武豊、四日市、名古屋、神戸（同・妻むめの義弟赤羽新一、赤羽商店が中心）、宇野、門司、長崎、鹿児島等の開港地との直接取引を行なった。

また、台湾向け等については、満鉄の傍系会社大連汽船が各旬一隻四〇〇～五〇〇〇トンの定期航路を開設し、台湾並びに上海、広東向けの輸出も行なった。

最盛時には、その輸出額、年商五〇万トンにも達した。当時、大連における大豆の大手輸出貿易商としての取扱量は、三井物産、三菱商事等の大商社も及ばぬ程の実績を示し、その盛名は広く日満の業界に知れわたった。

二、製造加工関係

大豆等の輸出と共に各種農産物の加工、製造業も行なった。大連市鹿島町に敷地五〇〇〇坪、引込線三〇トン、貨車九輛収容可能の工場を持ち、工人常時一五〇〇人が働いた。その内容は次の通りである。

・豆腐用大豆、白眉大豆の精撰加工、白眉大豆年商一五万トンを加工、輸出。
・満州産赤小豆の精撰磨加工、磨小豆年商六〇キロ入り袋七五万袋、五万トン加工。
・飼料五万トン加工。
・コウリャン精白加工五万トン。
・乾燥機二機稼動、主として匂米大豆の乾燥を行ない、一日の能力一五〇トン。
・製油工場、豆粕製造能力一日二一〇トン。

――これらの諸工場は終戦後も市民の食料供給に大きな役割を果たし、治安維持にも役立った。

三、ドロマイト工業

関東州の特産物、ドロマイト鉱業に着目、昭和十四（一九三九）年、関東ドロマイト工業株式会社を設立。塊状のものを日本に製鉄用副資材として輸出、また粉状のものをドロマイトプラスターとして満州住宅に不可欠の壁材料として広く全満に販売した。事業は計画通り成功し、その将来は期すべきものがあったが、惜しくも終戦で事業は中止された（筆者註・ドロマイトとは珪白セメントともいわれるが、セメントほど粘着硬化力はない。その原料である苦灰石が大連、旅順、金州の各地に極めて豊富に埋蔵されていた。満州事変後、とくに有望視され、個人経営を含めて十社以上が扱った）。

四、不動産関係

奉天（現在の瀋陽）に東亜不動産会社を設立、満鉄から依嘱を受け同社社員用の社宅を大量に建設、これを賃貸、または分譲する不動産業務を行なった。

五、石炭関係

昭和十五年頃から熱河省平泉において炭鉱を経営した。

当時の総資産二億円

このほか、絶頂期の瓜谷商店の勢いを示すエピソードは枚挙にいとまがない。

「満鉄に支払った運賃はすごかった。日本の貨車はせいぜい八トンから一五トンぐらいまでしかありませんでしたが、満鉄の貨物車輛は一車輛が三〇トン。それに載って大豆が集まってくる。大阪商船、日本郵船などへの船賃もすごかった。大阪商船などは、船が出るたびにうちの商品を積んでいました。熱河丸、興安丸、黒竜丸とか満州の省の名前をつけた新造船で、その当時では最大の何千トンクラスの貨客船でした。瓜谷の社員だというと、事務所に行っても最敬礼で迎えられました。大連汽船の終戦当時の社長、高木氏によると、瓜谷商店が船積みの運賃を決めていた。瓜谷がウンと言わないといつまでも運賃が決まらなかったそうです。東京海上の保険料ものすごかった。当時、私の同級生が東京海上にいたんですが、『来る伝票、来る伝票、みんな瓜谷商店だった』と驚いていていました。こんな表現は失礼ですが、ライバル会社には相生さんとか田村さんとかおられるのですが、瓜谷のおやじさんは、『もう大豆の商売のうちに入らない。問題は三井物産だけだよ』といっていました。

いつお買いになったかは知りませんが、おやじさんはキャデラックを持っていました。当時キャデラックが一台七〇〇〇円でした。ときどき満州国に高貴な方が来られると、政府がうちに借りに来ていた、と話されていました。また、老虎《ろうこ》灘《たん》のご自宅の冬場一ケ月の石炭使用量が一三〜一五トンだったとも聞きました。これも大変な記録です。当時、大蔵省へ申告したのが預金だけでちょうど一億。社長自身が『よくはわからんけど、(会社名義の総資産は)二億円

ほどかな』とおっしゃっておられたという話を又聞きしたことがあります」（元従業員・尾山政利）

先に昭和初頭の資産が一〇〇万円だったと書いたが、昭和十五年頃になると、二億円に増えている。物価変動はその頃ほとんどないから、現在の貨幣価値に直すために二七〇〇倍すると、五四〇〇億円ということになる。

総資産でいえば、現在の大手商社には及ばないが、一部上場の中堅商社並みである。内訳は山縣通りの本社をはじめ、三笠町の瓜谷油房、鹿島町の精選乾燥工場、浅間町の鉄道引き込み線、倉庫、乾燥粉砕製粉工場、大豆油の精製工場、ドロマイトの関東州工業とその採石権、熱河の楊樹嶺炭鉱と鉱業権などがあった。ただし老虎灘の邸宅は個人名義であったらしい。

昭和十六（一九四一）年の『越中人物誌』は長造の年商についてこう記している。

「大連税務署査定による取引年額五五〇〇万円は、全満州かけてこれを凌駕する実業家なしとされている」

これらを総合すると、年収が八〇〇〜二〇〇〇万円、会社名義の総資産が二億円、年商が五五〇〇万円というところであろうか。

もちろん満州国内の日本人としては、多額納税者のレギュラーメンバーであった。長造の次女・臣子《とみこ》は、長造が多額納税者ということで天皇主催の観菊御苑に選ばれて皇居へ行ったことをはっきりと記憶している。

「今でこそ芸能人も集まってますけど、昔は大変なことでした。出席して東京から帰ってきた父と母は、恩賜《おんし》のタバコと菊のご紋章の入った落雁を持ってきました。落雁はお餅に混ぜてついて、親戚とかお店の人に配りました。恩賜のタバコも崩して何本かに分けて、みんなに配ったことを覚えています」

当時、わずかではあるが、アメリカにも大豆を輸出していたらしい。長造の長女・聿子《いっこ》の長女・菊川瑛子はその話を長造自身から聞いたことがあるという。

「それまでアメリカは大豆を作付けしていなかったのを、祖父が大豆の種をアメリカに輸出して、それ以降、大豆がアメリカで作られるようになったという話を聞いたことがあります」

瓜谷商店の支配人であった石塚眞太郎の息子・民幸の話は、それとは違うが、結果としてアメリカ大豆の元になったことは間違いない。

「白眉大豆という品種は父たちが作らせたもので、大粒で優れた品種でした。これは瓜谷商店の大きな功績だと思います。農事試験場に頼んだりして改良を重ねた品種です。それが終戦後、アメリカに持っていかれてアメリカ大豆になったわけです。現在の日本で使用されている米国大豆も、元はすべて満州大豆です。米国のように、大豆をヘリコプターで撒いてトラクターで刈り上げるような愛情のない作り方では良いものができません。ですから、大粒小粒と不揃いのものが輸入されているのです。例の水戸納豆なんて、小粒がいいということになっていますが、大粒のほうがいいに決まっています」

苦節二十五年、学歴もコネも資本力もなかった長造は、こうして、ついに日本向け大豆貿易ではナンバーワンの地位を獲得したのであった。

第三章　報　恩

私財よりは社会還元

こうして満州内の富豪となった長造だが、いわゆる成金的なところはなかった。

元従業員の尾山政利は、長造と親しい人たちが長造に、「内地にも投資して財を分散したほうがいいのではないか」と忠告したが、長造は、

「満州大豆でここまでになったのだから、たとえ裸になってもよい」

と答えていたのを聞いている。

長造には、私財を肥やして内地での老後の生活に備えるという発想はなかったようだ。満州で儲けたものは、満州に還元すべきだと考えて、業界全体の発展を目ざしたのであろう。

大正十四（一九二五）年の大連勧業博覧会に一〇〇〇円の寄付をしたことは先に述べたが、以後も多くの寄付・寄金をしている。

「瓜谷商店創設二十周年記念として盛大なる自祝の大祝賀会を催すことに計画が進められていたが、満州事件（事変）の勃発をみるに至ったのでこれを廃し、満蒙の曠野に奮戦する出征軍隊の慰問として五〇〇〇円、飛行場建設費に三〇〇〇〇円、警察官慰問に二〇〇〇〇円を寄付し、

さらに社員十五ケ年以上勤続者六名の表彰を行なうところとなった。氏が国防献金、出征部隊の慰問費や警察官慰問費その他の公共事業に寄付した額は莫大なものである。又、西本願寺門徒で、篤信家として知られている」（『越中人物誌』）

郷里の新湊には、立町の曳山お囃子をする中山に飾る刺繍入りの幔幕を寄付している。また、同町内にある日吉神社の石垣灯籠や新設される女学校にも多額の寄付をしている。

その謝礼に贈られた新湊から見た立山連峰の絵画が、当時の本社応接室に飾られていた。同郷から入社した尾山は、

「入社初日、その雄大な絵画を見たときの感激は今も忘れられません」

という。

元支配人・石塚眞太郎も長造への追悼文でこんな事実を紹介している。

「小豆の磨精撰加工には、毎日一五〇〇人程が手撰工としてこの工場に来ることになりましたが、これらは今まで全然職のなかった婦女子や子供ばかりで、できる仕事が新しくできたのと、男子労務者に比し相当な賃金収入にもなり、地域的ではありましたが一般に裕福になり、生活も明るく犯罪等もなくなったと警察や地区民より感謝されたことがありました」

こうした長造の金銭感覚には、一つの秘密があった。

次女・臣子には、父の遺言代わりとして大事に保存している書がある。もちろん、子供たち

はその存在を知っていたが、とくに家訓として教えられたようなことはなかったという。父・長造だけがひそかに守ってきた教えなのである。

「人間は物質的に動かず。すべて社会を中心とし、社会を基として動かねばならない。社会のためにつくすことは即ち、国家に御奉公するも同じである。そして現在の地位を保持し、守り通すことに努力する人こそ成功するものであって、目標を高きにおく人の生活は決して楽観を許さないと信ずるのである。私はこの意味において、いかなる難事に直面しようが、必ず環境によって処理し、そして決断するのである。明日の計を樹つるにあたって、過去を熱くながめ、そして現在の環境を自覚し、毫末の無理もせず、天然自然にすべてを運ぶのである。これが私の心境であり、すべてを処する道としている」

瓜谷商店成功の秘密①堅実さ

瓜谷長造が成功した要因はいくつか考えられるが、その第一は先にも述べた堅実さであった。瓜谷長造の経営手法を評している記事の多くがその点を指摘している。

「瓜谷商店の名は三井、三菱、日清等の大会社と伍し、大連特産界の大手筋として第一家の名を擅《ほしいまま》にして居る。一時、特産界に名を馳せた加藤、伊丹等の大商店が失脚し、最近又、松本、渡邊各商店の凋落してからは、個人経営の特産商として、まさに舞台を背負って立つの概《がい》がある（中略）。

氏は温厚にして、機鋒を顕《あらわ》すこと稀であるが、いざとなれば果断好く事に当たるを辞せない。而して約束を守るの固いことは、かつて堺力商店の倒産するや、堺力商店に関する連帯保証を果たすためには少なからざる辛苦を嘗め、殊に大正七年、厳重なる請求をうけた時の如き誠心誠意を以ってそれに当たり、取引銀行の後援によりて之れを解決することを得た。一生の浮沈に関する大問題だからとはいうものの、平常の信用厚からずしてはこの難関を切り抜けること不可能であったはいうまでもない。

氏は性質と風采との示すが如く、その営業振りもまた穏健にして堅実、大手筋としては三井、これに次いで松本、渡邊商店等が大思惑を試みたに反し、瓜谷商店は冷然としてその活動を眺め、苟《いやしく》も好機会の到来せぬ限り決して動こうとしなかった。瓜谷一流の穏健堅実主義に、好得意は招かずして来り、しかも顧客の選択に甚大の注意を払っているために、層一層の堅実味が加わるわけである。今や大連の特産商が支那官商筋の買占めや、相場の不引合等によりて拱手《きょうしゅ》傍観の外《ほか》無き折柄、独り当店は悠然として、しかも堅実に闊歩しつつある。これを評して鶏群の一鶴というも、敢えて過当ではあるまい。今や実業家としても公人としても働き盛りの年配

（中略）、通称豆信こと大連取引所信託会社の重役にして、特産取引人組合の副組合長たり、更に一流実業家たるを裏書する処の商業会議所常議員たり、而してなお将来の発展を刮目《かつもく》期待されている」（満州興信公所編『満州事業紹介』）

終戦まで多年にわたって毎週三、四回は各種の組合や会合で会っていた大連の実業家、相生常三郎は、当時の瓜谷長造をこう述べている。

「瓜谷さんは決して女性的でなく、寧ろ極めて男性的であり乍《なが》ら、温和円満、慈母の感じを受け、敬服しております。人徳といいましょうか、自ら錬磨された結果でしょうか、あまり議論を戦わすこともなく、相手に何の警戒心も与えず、裃《かみしも》を脱がせ、互いに真実を吐露し合って、難問題も容易に円満解決される、独特の手腕をもって居られたのは、到底凡庸の徒のなし得るところでありません。元来、三井・三菱等大会社は別として、個人的商社で満州特産物を取扱って成功することは難中の難事とされ、事実、一時業界の覇者として盛名を日満特産界に馳せた小寺洋行、臼井洋行、伊丹商店、加藤直輔商店等も、いつしかいずれも悲運の終末を告げたのに、独り瓜谷さんはこの波瀾万丈の特産業界に四十年近くも終始して、しかも一回の悲況に陥ることもなく、堅実に発展一途、取引所取引人、輸出商、油房業者、精穀業者として、行くとして可ならざることなく、日満業者の信望を集めて業界に君臨されたことは、人力でなく寧ろ神業とさえ思いました。これ偏《ひとえ》に、緻密な頭脳、臨機応変、決断に富んだ瓜谷さんが、稀有な立派な資質を具備されていた結果と存じます」（雑誌「大陸」の『瓜谷長造翁逝く』）
　昭和十（一九三五）年十二月一日付けの満州日々新聞には、瓜谷長造自身の『輸送の円滑を計り在庫品を豊富にしたい』と題する投稿が掲載されている。今となっては長造自身の書いたものとしては唯一のものだが、ここにも、堅実さを重要視する彼の経営哲学を感じ取ることができる。
「特産市場の順調な発展をはかるには、単に市場にあらわれた相場の高低を考慮するのみでなく、市場の在庫品を豊富ならしめ、世界的大市場に相応しいものとすることが必要で、豊富な在庫品を具《そな》えてはじめて円滑活発な取引ができ、従って特産界の繁栄、市場の健全な発展を可能ならしめるものと思う。在庫品を豊富ならしむるには、農家、沿線集散地、大連市場の三者を結ぶ輸送が円滑に行なわれることが前提条件で、今回の市場問題より見ても、関係各方面の協力による輸送円滑対策は早急に樹立せねばならぬと考える。近来、奥地小糧桟に没落するものが多く、そのために特産出廻りに新しい障害と変革が起こりつつあるが、これについても輸送を円滑ならしむる見地から、速やかに対策を講じなければならぬと考えている。
　ヨーロッパ向け輸出が云々され、また近くドイツ経済視察団の来満を控えて、欧州向け輸出は一般の関心の的となっているが、大豆はドイツにとって必需品であり、現在非常に節約しているものの当然買わねばならぬものであるから、ドイツ向け輸出の前途は決して心配はいらぬと思う。輸出を心配するよりも、かえって先述した如く、市場の在庫品を豊富にし、如何なる額の注文にも応じられる用意を整えることが先決問題で、もしドイツ経済視察団が大豆を購入することになったとしたら、現在のような在庫状況では直ちに急騰することは明らかである。市場にやや大口の買いが入れば直ちに奔騰するというような状態では、円滑な取引は困難であり、輸出の旺盛もまたむずかしい。在庫薄に基づくいわゆる変態高値の訂正は、輸送の円滑という基礎条件の確立によって実行し得るものである。

本年は収穫期における降雨のため水分が多く、現在の予想では一、二等品は三〇パーセントといわれ、例年の約八〇パーセントに比ぶれば半数以下の激減である。この著減せる一、二等品のみを受渡品として取引すれば、品薄を見込んで投機取引が旺盛となり、従って一、二等品は正常の商内目標から逸脱して単にスペキュレーション（投機）の対象と化する恐れがあったため、三等品代用となったものであるが、これも反面から見れば異常時において前述の在庫品を豊富にし、市場を順調な発展の軌道にのせる一手段である。また、三等品と標準品との間には一五銭の格差を設け、徒《いたず》らに三等品代用受渡が行なわれることを抑制することとなっているが、現在の状態では一五銭の格差を附してまで三等品を受渡するようなことは実際行なわれぬと思う。（中略）特産市場発展の根本問題は前述の如く、輸送を円滑にし、而して大市場に相応しく在庫品を豊富ならしむることにあると考える」

　ここで長造は、目先の利益だけを考えて投機に走って価格を騰落させる愚を説き、長い目で見て大連大豆の信用を高めるには豊富な在庫と安定した品質・価格を保持することの大切さを訴えている。のちに述べるが、当時は、まだ収穫されていない大豆を対象にした先物取引が盛んで、在庫を持たずにマネー・ゲームだけに突っ走る業者も多かったのである。長造がそんな風潮をいかに苦々しく思っていたかが、この投稿の行間ににじんでいる。

瓜谷商店成功の秘密②円満・誠実な人柄

　ビジネス上の堅実さとともに、瓜谷長造の円満・誠実な人柄を勝因に挙げる向きもある。『特産王瓜谷長造氏伝』では、その点も評価している。

「氏はその職業生活の上に於いて、自他の信用を重んじ、至誠事に当たる商道徳の厳格な遵法者であると同時に、私生活に於いても稀に見る有徳の君子である。

　かの義兄（戸籍上は義父）瓜谷英一氏の破産が、自店に致命的な大打撃を与えたが、いささかもそれを恨まぬのみか、その後十数年、窮境に沈淪《ちんりん》せる義兄の生活費として、月々四、五百円の送金を絶やさない事、又自費を投じて郷里の教育家、公吏、有志を招来し、満州・朝鮮の視察をなさしめた事等は一、二の例に過ぎないが、以て氏の人となりを窺うに足りるであらう。殊に、氏が何ら正規の学問を受けていないに拘らず、よく新思想を咀嚼《そしゃく》し、時代の潮流を解して、常に青年の心を以て己が心として、溌溂《はつらつ》たる意気を包蔵している事は、後進の範とせねばならぬのである。むべなる哉、衆望によって推されて大連重要物産取引人組合長代理の重職に居り、大連商業会議所常議員、大連取引所信託株式会社監査役の要職を兼ねて、声聞《せいぶん》日に高まりつつある」

ここには、事業に失敗して生活に困っている義兄（義父）を援助したり、郷里の教師や役人を満州や朝鮮の視察旅行に行かせたりする篤志家の一面が見えている。また、自らの学歴のなさをカバーするためによく勉強していたことも知られていた。

元従業員の尾山政利もこう語っている。

「満州で一攫千金を夢見た実業家はほとんど失敗して、利権漁《あさ》りとか満鉄の庇護を求めるとかしていました。相場の激しい中で、瓜谷のおやじさんがどうしてこのような堅実な経営ができたのかというと、すべて個人商店仲間でネットワークを作り、誠実、迅速な取引をしたからだと思います。当時は金持ちにタカる、いわゆる満州ゴロのような人が大勢いましたが、瓜谷は、タカられるというようなこともありませんでした。さすがの連中も、おやじさんが真面目だったので寄り付きにくかったかもしれません。華々しくやっていたのにスキャンダル一つなく、突かれるところが一つもなかったのです」

瓜谷商店成功の秘密③組織との不即不離

瓜谷長造がどこの組織にも属さず、庇護を受けなかったことがかえって実業家として成功させたという見方もできる。

当時の満州は、関東軍、満鉄、そして三菱・三井という大財閥が権力を握っていたが、瓜谷長造はそのどこにも属していない。顧客として満鉄とは深いつながりはあったが、とくに資本関係があったわけではない。その点を、昭和十一年刊・大連市役所市史編纂室『大連市史』でも高く評価している。

「由来、満州に於ける邦人実業家と称せらるるもの多く虚業家に過ぎざる感ありて、或いは満鉄の保護を受け、或いは官権よりの利権を得、或いは種々の宣伝により虚名を博するに過ぎざりしが、これに反し、瓜谷氏の如きは名聞を求めず、一意専心、特産物取引に従事し、現在にては特産商の実務者として満州に於ける唯一人というも過言ではなからん」

ただ、財閥系のように大資本もなく、軍部との結びつきもなくて大成功したのには、組織との何か表には現れない関係があったのではないかと見る向きもないではない。

長造の孫・菊川瑛子は、満州軍閥・張作霖とのつながりを推測している。

「張作霖を爆殺したのは関東軍であるというのが歴史の定説になっていますが、最近これが見直されてきまして、ソ連によるものではないかという説があります。研究成果として出てきているらしいのです。中国共産党とソ連とは思想的につながっていますから、それもあり得ると思います。張作霖というのは中国東北地方の軍閥です。満州大豆というのは、大きなファームがあるのではなくて、数多い小さな農家が栽培していて、それを集めてくるのですが、張作霖の部下たちの多くに集める力があったのではないか、と推測できます。張作霖は東北の中国人農民には絶大な人気があったようです。農民との結びつき、信頼がなければ軍閥は成り立ちません。それで張作霖が殺された後、どういう手段かわからないのですが、長造がその権利を譲り受けたのではないか、あるいは大豆集荷を掌握している人と深い関係があったのではないかと推測できます。中国では心を許せば徹底的に親密になるらしいです。長造が、大きな権力を誇る関東軍とあえて関係を持たなかった理由も、そこにあるのではないかと思います」

この瑛子の推測を裏付けるように、塚瀬進『満州の日本人』では、張作霖と大豆の関係について こう記している。

「張作霖政権が急成長を遂げた経済的背景には、満州の豊かな農業資源を活用して財をなした点にあった。張作霖政権が目をつけたのは大豆であった。どのような大豆売買を行ない、張作霖政権が蓄財したのかについては、やや立ち入った説明が必要となる。張作霖政権は官銀号と呼ばれた銀行を経営し、官銀号に奉天票《ほうてんひょう》などの不換紙幣を発行させていた。奉天票は張作霖政権が強制通用させた不換紙幣であり、その価値は張作霖政権の消長により騰落を繰り返した。張作霖政権は不換紙幣を流通させる一方で、官銀号の下に糧桟《りゃんざん》（官商筋糧桟と呼ばれた）を組織して大豆の買い付けにあたらせた。官商筋糧桟は官銀号発行の不換紙幣を使って農民から大豆を買い付け、これを日本人商人に売り渡して横浜正金銀行券（鈔票）や朝鮮銀行券（金票）を受け取り、不換紙幣を実態化した。つまり張作霖政権は、大豆を媒介に官銀号発行の不換紙幣と日系銀行が価値を保証する銀行券を交換し、不換紙幣に価値を持たせたのである。やや誇張的に表現するならば、張作霖政権は大豆売買を通じて印刷代しかかからない不換紙幣を『手品』のように実態化したとも言えよう。

中央政界進出を試みる張作霖は、多額の軍事費を捻出するため、一九二〇年代に官銀号系糧桟を使い、大量の大豆買い付けを行なった。とくに大規模に行なわれたのは、一九二六年（大正十五年）秋から二七年春、二七年秋から二八年春、二八年秋から二九年（昭和四年）春であった。官銀号系糧桟は大規模な大豆買い付けを行なったが、自分たちで大豆を世界市場に輸出することはまだできなかった。つまり官銀号系糧桟は大豆輸出商に買い付けた大豆を売り渡す必要があった」

長造は、満鉄や満州国要人達と一定の距離を置いていたことは、事実だが、まったくなかったわけではない。当時の瓜谷商店の加工工場の中には、瓜谷商店専用の満鉄のレールが本線から延長されて敷かれており、地方から集めてきた特産物の大豆やその他の穀類を満鉄の貨車に載せて、自分の工場に直接引き入れることができる体制であったという。瓜谷商店は、満鉄にとって最大手の大口顧客であったことにしろ、一介の商人がここまで満鉄に便宜を図らせるに至るには、それなりに満鉄の要人達との密なる人脈なしに成しえなかったことかもしれない。

なお、長造の長男である敏郎（後に侑広と改名）は、東京帝国大学卒業後、海軍士官となり、昭和十七年（一九四二）年四月に、元満鉄理事で福井県選出の代議士、中西敏憲の長女・光枝と結婚しているが、この縁に関しては、満鉄大連医院の西岸院長が仲介の労をとってくれたからであり、結婚のとき、中西氏はすでに満鉄を退き、郷里の内地に引揚げており、満鉄との特別な関係を示唆したものではなく、成功者としての幅広い人脈の一端であったに過ぎない。

一方、清朝最後の皇帝・宣統帝溥儀は、退位後、昭和七（一九三二）年三月に満州国が建国されると満州国執政（のち皇帝）として復活し、鄭孝胥《ていこうしょ》が国務総理に就任した。

長造の長女・聿子が板垣與一と結婚したのが昭和十（一九三五）年五月十八日。その一年前の昭和九年に長造の老虎灘の家が改装されている。

「その昭和九年あるいは十年に、長造の家に鄭総理が遊びに来ているんですよ。写真はもうなくなってしまったかもしれないんですけど、うちの母がお茶を点《た》てて、鄭総理にお茶を差し上げている写真を見た記憶があります。このことより、満州国政権とも何らかのつながりはあったのではないかと思うんです」と瑛子は語るが、長造の次女・臣子は、「父は当時、大連一の資産家として有名人であったため、単に豪邸を表敬訪問したに過ぎないのであって、なんらの政治的意図はなかったと思います」と述べている。

張作霖、満鉄、満州国要人と何らかの交流があったにせよ、長造がそれらの組織に従属したり庇護を受けていたとは思えない。むしろそうした諸権力と公平に、即《つ》かず離れずの関係を保っていたことが成功をもたらしたといえよう。

瓜谷商店成功の秘密④組合役員としての活躍

長造の成功の秘密として見逃せないのは、各種組合での活動である。組合の幹部になれたのは、成功の「結果」でもあるが、自己のビジネス一辺倒ではなくて、業界全体の発展を目ざして活動することが、長造個人の人望や瓜谷商店の信用を高めた「原因」ともなったことは確かであろう。

大正二年に官営大連取引所ができて特産物取引を円滑・公正に推進することに大いに役立ったことはすでに述べたが、その存在は、業界全体が昭和初期の不況を乗り越えるのにも大いに役立った。

「大連取引所は内地の取引所とその趣きを異にし、有力なる実際の当事者を網羅し、実需取引を主眼とせるため、財界の不況に際してもなお、綽綽《しゃくしゃく》たる余裕を存するは一大特色であって、昭和六年九月以来の満州事変に引き続く英国の金輸出禁止、及び日本の金輸出禁止等の如き経済界の大波乱に際しても、我が大連取引市場は何らの動揺をも来さず、平常と何ら異なる所なく取引を行なったのである」（大連市役所市史編纂室『大連市史』）

この市史は昭和十一年に発行されているが、当時における取引人は七十七名であった。これを営業別にすれば、油房二十七、仲買商二十四、油房兼輸出商七、油房兼仲買商五、輸出商十一、輸出兼仲買商三と紹介している。そして、「右取引人のうち、邦商の巨頭としては三井、三菱、日清製油（大倉系）、豊年製油、瓜谷商店等があり……」としている。瓜谷商店は、大財閥と伍す存在として名前を挙げられているのである。

さらに、大連取引所開設に当たり、取引人組合の必要を生じて、開設の翌年、日中取引人を一括して「重要物産取引人組合」も組織された。取引人同士のトラブルに際して、累を他に及ぼさないように組合員相互の間で解決するというのが目的であった。

　この組合は、大正五年の河合藤七組合長（湯浅商店）時代に豆粕先物取引を相対《あいたい》売買としたのをはじめとして、七年の長谷川潔組合長時代に大豆の検査問題、野積み大豆の火災保険問題、大豆受け渡し問題等を解決して業界に貢献していた。

　歴代組合長は鈴木商店、三井物産、三菱商事などの財閥系各社から選ばれるのが恒例であったが、瓜谷長造は創立当時から変わらず副組合長を務めて（大正六年から昭和十五年に取引所が閉鎖されるまでの二十三年間）、組合長はいわば名誉職で短期間で交代する中を、実質的に組合長の仕事をした。

「副組合長瓜谷長造氏は創立当時より就任し、斯界の長老として常に組合長を代理し、本組合の発達に努力しつつあり……」（大連市役所市史編纂室『大連市史』）

　昭和十二（一九三七）年、大連商工会議所は、任意参加の社団法人組織から公法人組織に編成替えされた。これまで大連商工会議所に加入していなかった有資格者も含めた有権者一一七〇人に設立同意書の蒐集を行ない、最終的に一〇二二人の同意書が回収された。

「新大連商工会議所は、議員の選挙を七月七日に実施した。選出された議員五十名のうち三十七名が一九三七年五月時の議員であった。まず、第二号議員については、六月に、一、金融業三社（朝鮮銀行、横浜正金銀行、東洋拓殖の各大連支店）、二、電信電話業一社、三、海運業

二社、四、窯業・化学工業・食料品工業他三社、五、紡績工業、金属鉱業、機械器具工業二社、六、土木建築請負業一社、七、取引所関係二社、八、特産業三社（日清製油大連支店、三泰油房、瓜谷長造商店）、九、商品輸入販売業を、それぞれ各同業組合の協力を得て選定した」（柳沢遊『日本人の植民地経験』）

瓜谷長造は、昭和八年から十一年までこれの副会頭、昭和十一年から十三年まで会頭を務めている。

このほか、大連五品取引所理事、大連取引所信託株式会社理事、関東州混合飼料組合長、日満実業協会理事などを務めた。

瓜谷商店成功の秘密⑤石塚眞太郎支配人

大豆三品は前出の大連の官営取引所で取引されたが、その相場は激しく上下するリスクの大きいものとして有名であった。

昭和初期から戦中まで、三菱商事大連支店長、満州監督兼新京支店長兼ハルピン支店長として勤務していた臼井経綸は、満州回顧集刊行会編『あゝ満州』への寄稿でこう記している。

「満州特産物取引では、その相場変動の激しいために満州開発創始以来莫大な損失を被った者は枚挙にいとまなき状態であったが、一面投機の対象として全世界の興味を喚起したものである。大連には官設のいわゆる三品取引所があって、場内で大豆、大豆粕、大豆油の相場が銀建で毎日公定されたが、世界各地の政治経済事情で相場の変動は激甚をきわめたものである。
一方、銀建の三品相場を日本円建に換算するためには、銀の手当を銭荘を通じてしなければならない。銀の相場は銀の取引所で公定されるのであるが、これがまたロンドンと上海の銀相場に影響されて騰落が非常に激しい。（中略）
このような商品の輸出取引で損をしないのみならず、利潤をあげて行くためにはいろいろの創意工夫を要するのである。商品の買付は必ずしも取引所だけでなくて、南北満州各産地で一番有利な買場所を見付ける必要があり、銀の手当にしても常に最低値をつかむことに意を用うべきであるが、輸出取引ではその外に外国為替の変動を機敏に察知、有利に予約しなければならない。なおまた当時は海上運賃の高低も激しく、これが動向にも深甚の注意を要した。以上のように、特産取引に従事していた商社の担当員は、おおむね寝てもさめても相場の変動に苦しめられ、年中、心安らかな時とてはなかったが、大きな取引を有利に成立させた時の喜びは格別であった」
前述のように長造が堅実な経営で成功したことは各方面で評価されているが、こうした激しい相場変動を伴うギャンブル的な特産物市場では、堅実さだけでは成功しないこともまた確かである。固く行くべきときは固く、リスクを取るときは冒険するという絶妙なバランスが要求される。

堅実な長造を補佐したのが、瓜谷商店の支配人として辣腕を振った石塚眞太郎であった。長造の長男・敏郎は一時、瓜谷商店に勤務したこともあるが、その回顧録にこう記していた。

「親父がこの商売で何故成功したか、私にはよくわからないが、人は、その堅実な方針がよかったという。堅実な面は確かにあったが、それだけであれ程成功するものではない。恐らく石塚支配人の優れた手腕によるところが大きいと思う」（満州回顧集刊行会編『あゝ満州』より）

また、戦後、長造が敏郎を連れて、小田原に住んでいた石田礼助（元三井物産大連支店長。戦後は国鉄監査委員長、国鉄総裁。昭和五十三年没）を訪問したことがあった。そのときに石田は、

「大豆の相場では瓜谷さんにかなわなかった」

としみじみ言っていたという。石田をしてこう感嘆せしめたのも、取引所での相場を動かしていた石塚の功績だといえる。

石塚は明治三十（一八九七）年、兵庫県多加郡松井庄村に生まれている。貿易の勉強のため神戸に出て丁稚として働き、大正六（一九一七）年、二十歳で一〇円だけ持って大連へ渡った。

ハルピンの佐賀常次郎商店で働いた後、その紹介で瓜谷商店に入った。やがて佐賀の遠縁の女性と結婚する。

その石塚眞太郎はほどなく、瓜谷商店の一番番頭となり、長造の片腕となる。元三井物産・村田米太郎が語る。

「大連で農産物をやる者はまず取引所へ手伝いに行かなければならないんです。大豆を買い付けるのと、持ってきて大連で売るというのは別の商売なんですが、三井物産や瓜谷商店は買付けもやるし、売り買いもやっていました。

私が三井の大連に配属された昭和四年には、すでに大連取引所に石塚眞太郎さんが瓜谷さんの一番番頭でいらした。石塚さんにかなう人は、三井や三菱の出身者ではいませんでした。瓜谷さんで叩き上げた商売人で、知識も深いし、中国語もできるし、勘は鋭いし、とにかく石塚さんが来るというと、取引所の中に旋風が起こったぐらいでした。中国人も石塚さん、石塚さんといって、どんな売り方、買い方をするか注目の的でした。相場全体が石塚さんの思惑通りに動いたものです。私は単なる駆け出しの小僧っこでしたが、ずいぶん石塚さんにはいろいろなことを教わりました。石塚さんが取引所の理事だったときには、温泉場へ行って飲んだり、ずいぶん可愛がっていただきました。

私自身は、取引所には、昭和十五年に閉鎖になるまでは、三井物産の穀物関係の代表者、支店長代理として行っていましたから、取引所のことはよく知っています。物産にも石塚さんに匹敵するような方もおりましたが、物産の人間はサラリーマンですからどんどん転勤があります。その点、石塚さんは転勤がないでしょう。ですから全然格が違います。とにかく、瓜谷さんと石塚さんとのコンビネーションがよかった。そうでなければ瓜谷商店がナンバーワンの商社になって大連取引所を牛耳るだけの力を持てるはずがありません。瓜谷さんがいて、そこへ石塚さんというい番頭さんが入って、コンビがうまくいったということです。

三井の相手は主にヨーロッパ、アメリカです。日本が三〇〇万トンぐらいで、ヨーロッパが多いときは三四〇から三五〇万トンありました。瓜谷さんは、日本に東京・深川という大市場を持っていましたから、日本向けは三井も三菱もかなわなかった。瓜谷さんは日本向けのほとんど一〇〇%を納入するような状況でした。三井物産がやったのは、そのうちほんの一割か二割です」

石塚眞太郎は相場師として天賦の才能があったらしい。取引所内ではカリスマ的存在であった。眞太郎の息子・民幸が語る。

「両親の新婚家庭は紀伊町にありました。瓜谷商店のある山縣通りに近いモルタル塗りの家でしたが、その後、東公園町に転居、地下にボイラーのある鉄筋の二階建てで、トイレにも暖房が入っている広い家でした。廊下で自転車を乗り回したこともあるほどです。

父は、すごい勘というか、今の風水じゃないですけど、何か特殊な気候の順気をみていました。何年先にはどんなになるから、そこで作物ができなくなるから買いだとか売りだとかということで、たとえばアメリカのシカゴの辺が干ばつになるから上がるぞとか、潤沢だけど水が多すぎて出来が悪いとか。早く買うと、そのぶん安い値段で買えるわけです。いったん契約してしまったら、その値段で持ってこなければいけない。また、朝六時までに通話を申し込むと電話代が安いといって、たくさん申し込んでいましたよ。さらに、電話だって至急だったり早く申し込んだり、いろいろありましたから」

戦後、長造が病死した際には、眞太郎は以下のような追悼文を寄せている。

「投機的になり易い業種の関係上、支店出張所を設けずに買付機関としては満州には十数ケ所の瓜谷商店専属買付店を、又日本内地並びに南支台湾には密接な取引先や専属の販売店を持ち、お互いに嘘のない情報交換を行ない、その機関店等が不振の場合は諸経費の不足額を補填するなど、相互援助方式で斯業に精進致しました。多数の取引の内には無理なクレーム、又は荷受不履行などが申入れられる時もたまにはありましたが、裁判に訴える様なことは一度もなく、特に悪質でお相手ができぬ様な方の場合は取引を一時打ち切る様にしておりました。又取引先の内で真に瓜谷のやり方を信じて頂くのに、十五年位もかかった方もありました。満州特産商にも不況がおとずれて、重要物産組合の照井長次郎氏等の斡旋で満鉄が一部特産商のため保証融資をしてくれました際、常に融和的な瓜谷様は、その保証人に等しい役の組合員になり、同業者の助成に協力し、これが目的を達成したことがありました。

大正八年末から九年初めの頃、諸物価が連日高騰し、北満小麦を買付け日本向けに売却するとその差益が二割近くもあった時がありましたが、それを注文の二口で計二十車だけに止めて、あとの商談には応じませんでした。当時は貨車廻りが悪く、三、四ケ月も輸送にかかり、この受渡しの頃には売約値段の半値に崩落しておりました。その時、数量を多く契約しておれば、その内には受渡しが不能になったかも知れません。瓜谷様の先見の程に感佩《かんぱい》致しました。

上述の如く御得意先本位の経営と取引先各位の御援助に依りました結果だと思いますが、在連中四十有余年に亘り欠損をした年がなく、年間の輸出高も最高時には四九万トンの実績を持ち、又社会的にも同業界や商工会議所関係にその重要人物として活躍尽瘁《じんすい》され、洵《まこと》に為すべきことを為し得られた生涯は御立派であり幸福であったと思います」

自らの支配人としての辣腕には一切触れず、社長の長造の堅実さ誠実さだけを賞賛している。かえってこの一文で、眞太郎の謙虚な人柄が偲ばれる。

息子の民幸は、その後、眞太郎が独立して民幸が手伝っていたときのこんなエピソードも紹介してくれた。

あるとき、眞太郎は自社の荷物を運送業者にトラックで運ばせた際、業者の人夫を助手席に乗せ、荷主側である民幸を荷台に乗せた。「荷物の上で綱につかまって行け」という。荷主なのになぜと民幸が不思議議がると、眞太郎は、

「人夫は向こうに着いたら、荷を降ろさなければならないけれど、お前は監督に行くだけだろう」

といった。だが、いざ先方に着くと、

「何をぼやっとしている。荷物の数を数えたら、お前も一緒になってかつげ。大勢でかつげば少しでもペースが速くなるだろう」

そうして、最後に「人の嫌がることをどんどんやれ。そうでなきゃ、人はついてこん」と教えたという。眞太郎は瓜谷商店から独立して特産商を始めたものの、関東軍ににらまれて苦労した。引揚げ後の昭和五十年に亡くなっている。

瓜谷商店成功の秘密⑥即断即決

大豆の取引には現物取引と先物取引がある。現物のほうは簡単だが、仕組みがややこしくてリスクも大きいが、リターンも大きく旨味があるのが先物取引だ。

たとえば三ケ月先の大豆一袋をいくらで売買するかと交渉する。実際は等級や産地など細かい条件もあるのだが、わかりやすく説明すると、ある人が三ケ月先の一袋を一〇〇円で売る、一方が買うということで交渉が成立する。三ケ月先に大豆一袋が市場で一三〇円で売買されているとすると、買うと約束したほうは一〇〇円で仕入れて一三〇円で売れるのだから、丸々三〇円を儲けられる。

だが、逆のケースも考えられる。三ケ月先になって、大豆が豊作になって値崩れして、一袋七〇円でしか売れないとする。それでも三ケ月前に、買うと約束したほうは泣く泣く一〇〇円で買わなければならない。丸々三〇円を損するわけだ。高値になるまで倉庫に寝かせておくこともできるが、倉庫代などの在庫コストがかかる。

これは株式の信用取引と同じで、契約したのが三ケ月前であっても、契約をきちんと守るということが前提条件になっている。一〇〇円で売ると約束したものが、いざ三ケ月後になって、それがどこでも一三〇円で売れるとなると、人間心理として頬かむりして横流ししたくなる。

「二月切りに売ったものなら、必ず二月中に船が出港しないと契約違反になります。一日や二日なら、船会社と連絡所をごまかして出港させたりすることはたまにあるけれど、実は出ていないということになると悶着が起きます」（元瓜谷商店従業員）

だから、信用の置けない相手だと、貨物列車や貨物船の積荷をチェックしないと心配でしょうがない。何月何日にどこの港に何丸が何時に入って何時に出るというのをリポートする船新聞というのがあるが、これを絶えず見ていなければならない。売ったほうも「荷繰り」をして、荷物が港の何番バースへ何日の何時に入るようにしておかないといけない。こうして受渡しが完璧にされないと先物相場自体が成立しない。また、荷物には必ず火災保険が関係してくる。

さらに現物を在庫として持っていないと、大きな先物取引はできない。売り方になって、取引上はすごい儲けが出たけれど、約束しただけの在庫がなければ、何月何日までに何袋の大豆を揃えなければならないということもある。そんなときは、どこの店がどれだけの在庫をかかえているかの情報を仕入れ、いかに安く約束した量を確保するかが勝負になる。

「本当は二十四時間体制でないと間に合わないのですが、三井・三菱あたりは就業規則がありますから、五時にはみんな打ち切って帰ってしまいます。しかも大きな商社では、決済にいくつもハンコがいるので、時間がかかります。われわれ、個人商店は夜七時でも八時でも頑張っていました。宿直は、夜中に配達された電報でもすべて支配人宅に届けて、指示を受けていました。そのぶん、決済が早く小回りが利いたのです。翌日の商品の通関手続きをする者は、前の晩九時、十時ぐらいまでやらないと間に合わない。三井・三菱の総合的な輸出力は大したものですが、これらの即断即決と小回りを武器にして、こと大豆に関しては瓜谷がトップでした。価格を支配するところまで行ってましたね。満州全体の作柄状況、売行き状況、消費状況、需要状況などを正確に把握していましたし、在庫も豊富でした。たとえば、一手に引き取って半分保管して半分売ればそのほうが儲かると、そんな手法もできました」（尾山政利）

こうしたビジネスでは、情報キャッチの速さとトップの決断の速さが勝負になる。そのため、瓜谷商店には朝から晩まで電話をかけ続けていた社員もいたという。一晩で一〇〇円ぐらい電話料を使ったこともあるという。

今のようにダイヤル直通電話やメールやファックスがあるわけではない。使えるのは電話と電報だけだった。電話は至急報でも、申し込んで二〜五時間かかった。昭和十三年の時分《じぶん》、東京への通話を申し込むと、普通では朝八時に申し込んでも夕方にならなければかからなかった。最も早いのが定時通話で、普通の電話料の四倍かかったが、二時間たてば必ずつながった。

電報も、少しでも文字数を少なくするために、頻繁に使う固有名詞はみんな略号を使っていた。混合二等大豆は「ヤギ」、神戸は「ミコ」、大阪は「ミサ」だったという。

瓜谷長造は情報網の整備にも気をつかっていた。

「日本、台湾の個人商店をネットワークで結んで、お互いに持ちつ持たれつしていました。それがよかったと思います。また、おやじさんか次の番頭が、年に一回は北満まで大豆の生育状況を全部視察に行っていましたよ」（元従業員）

情報ネットワークの広さと情報キャッチの速さ、そして情報への対処の速さ——瓜谷商店はそれを武器にして三井・三菱に対抗していたのである。

瓜谷商店成功の秘密⑦社内の団結力

完全な個人商店の段階なら経営者の長造一人の能力と個性で伸びていったのだろうが、規模が大きくなってくると組織としての力量が試されてくる。どこの組織の庇護も受けず、大商社と伍して生き残るために、長造は社内のチームワークを固めるための努力も怠らなかった。

「社員も可愛がってもらっていましたよ。私は学校を卒業しておやじさんのところへ行ったとき、『ボーナスだけ残しておけば家が建つから』といわれました。だから、ボーナスだけは残しておいて、給料はみな使って遊んでいました。ボーナスは本給の一年分とか二年分近く出ていました。昭和十年頃は、内地でも住み込みで大体給料が一五円か二〇円ぐらい、寮に入った人は三〇円ぐらい、大卒の社員で五〇円ぐらいでした。大連の寮生活だった私は、大体二〇円か三〇円もらっていました。食べるものは全部タダだし、弁当もタダ。給料のほとんどは小遣いとして使えました。ボーナスは、年間四〇〇円とか五〇〇円もらえました。ただ、戦前の統制時代になると、国によってボーナスも最高で一年に九ケ月分に抑えられましたでしょう。

『それなら給料を上げよう。給料を一〇〇円に上げれば、九ケ月分でも九〇〇〇円になる。それならば今までより良かろう』ということにしてくれました」(元従業員)

社員の福利厚生施設も充実していた。当時の社員寮の雰囲気を昭和十三年四月に入社した森永正康は、こう回顧する。

「独身者たちは全員、本社ビルの中にあった寮で生活しました。食事は中国人のボーイが作ってくれましたが、社長が、若い者には腹一杯、美味しいご飯を食べさせるようにいわれ、食事代、材料代のことはボーイにまかせていました。おいしいと賞《ほ》めるとボーイも喜んでくれて、いっそうのご馳走をしてくれました。入社後、蓄音機が寮に運び込まれ、先輩たちはそれぞれ好みのレコードを買ってきて、毎晩のように楽しんでいました。私は、寮生たちを誘って謡曲を始めました。羽衣や義経などを楽しみました。夜は、よく花札をして遊びました。また、羽衣高女が夜間は中国語の語学校になっていたので、私も学割の市電で二年間通わせてもらいました。本社ではお偉方がよく『ちょっと散髪に行ってくるよ』といって出かけました。ああ、幹部になると勤務中に散髪に行けるんだな、私も早く幹部になってそんな身分になりたいなあと思っていました」

尾山政利は、長造の面倒見の良さも強く感じていた。

「当時は英語の達者な人もいなくて、英文タイプだってまともに打つ人もいない。そこで社長は、英文タイプを打つ人をわざわざ雇い入れたんです。コウダさんという人でした。二階に事務所があって、その後ろに二間続きのところがあって、家族持ちで入っていました。実はその正面のところに小さな倉庫があって、そこにウイスキーから何から入っていて、ときどき独身者がそこを襲って、無断でいただいていたという話を聞いたことがあります」（尾山）

長造は若い社員によく手紙を出していたらしい。

「社長は私如き若僧にも、よくまめに御手紙を下さいました。在職中はもちろん、戦後引揚後にも、いつも当を得た格調高い候《そうろう》文で何回もお便りをいただき、有り難く拝読させていただきました。昭和十七年に東京・帝国ホテルで行なわれたご長男の結婚式にも、親戚でもないのに招待されて感激しました」（清水福夫）

慰安旅行は、旅順、湯崗子、ハルピン、奉天などへ出かけた。瓜谷商店は満鉄の上得意であったため、満鉄全線のパスや運賃優待パス何枚かがサービスされていた。

「私ども数名がようやく店に馴染んだ頃、寮の若手に旅行の許可が出ました。行先は奉天、撫順炭鉱、新京、ハルピン、吉林、豊満ダム、錦州、熱河など。このとき、満鉄の特急アジア号に初めて乗車しましたが、その速さに驚きました。承徳離宮、山海関では海にまで築かれている万里の長城。ここからは中国領で満州の通貨が使用できませんでした」（森永正康）

「昭和十五年の秋、私も同行しました。全部で六名。山海関で下車すると、検査官に『ここは満州ではないから旅券を』と求められましたが、私は『地図にはここが国境の赤線上になっているではないか』と文句をいい、万里の長城の門を見るだけだからといって、街に出た覚えがあります」（尾山）

「秋の深まる頃、鞍山近くの湯崗子温泉に行き、若い者は軍隊に行くのだから予行演習しなきゃと、リュックサックに荷物を一杯入れて、かついで登らされました。私はビールの大瓶をバラで詰めて登らされましたが、途中、現地の人がゆで卵をくれて励ましてくれました。無事登頂して万歳を叫びましたが、後日背中がちょっとはれました。顧客の接待などで、よく旅順にも行きました。終了間際に私が超大物のカレイを釣り上げて、二人でかついで帰りました。魚釣りもよくしました。乃木大将の水師営、二〇三高地などへお客さんを案内しました。大きなクラゲにびっくりしました。畳一枚ぐらいの大きさでした。これが中国料理に使われるのでしょう」（森永）

夏になると、毎週のように星ケ浦、夏家河子へ社員同士がよく泳ぎに出かけた。

「女子職員も含めて泳ぎましたが、大連のOLたちはどんな水着で泳ぐのかなと興味津々でした」（森永）

冬季は近くの鏡ケ池にスケートに出かけた。

「大連生まれの女子社員と会えることが楽しみでよく滑りに行きました」（尾山）

当時、大連には今日でいうノンプロ野球チームが二つあった。大連満州倶楽部（通称・満倶）と大連実業団である。前者は満鉄の野球チームであり、後者は満鉄以外の民間会社による連合チームである。半官半民のマンモス会社「満鉄」対「その他の会社」という構図が成立していた。

「実満戦」と呼ばれた対抗試合では、満鉄社員とその家族は当然、満州倶楽部を応援し、そうでないサラリーマンたちと家族は実業団を応援した。野球場も中央公園内に二つあったが、満州倶楽部が使う満鉄野球場は内野スタンドに屋根がかかり、実業団野球場より立派であった。その熱狂ぶりが功を奏して、今日まで続いている都市対抗野球大会の記念すべき昭和二（一九二七）年の第一回大会では大連満州倶楽部が優勝、翌年の第二回大会では実満戦で満州倶楽部を破った大連実業団が東京の本大会に出場して見事に優勝している。

そして、第三回大会では雪辱に燃える満州倶楽部が実満戦に勝って出場し、再び優勝。大連市の両チームが三連覇という偉業を成し遂げている。

ちなみに、第二回大会の準々決勝で大連実業団が記録した二三得点は、その後第一九回大会（一九四八年）で破られるまで一チーム最多得点記録であった。戦後、プロ野球解説者として活躍した小西得郎は、第一回大会の大連満州倶楽部で監督兼遊撃手として活躍した。

『図説・大連都市物語』でも、「満鉄の存在を大連市民が実感できた好例は、街を二分して人びとが熱狂した野球である」と記している。
長造はこのうちの「その他の会社」チーム、大連実業団の大スポンサーでもあった。
「大連実業団対満州倶楽部の対戦が中央公園球場でよく行なわれましたが、瓜谷商店ではネット裏、一塁側の席を借り切っていました。仕事の閑《ひま》なときは勤務時間中でも指定券で観戦できました。また、対大阪（阪神）タイガース戦や対巨人戦も組まれて、私も観戦しました。往年の若林選手やスタルヒンの名を覚えています。社長が大連商工会議所の会頭をされていたので、会社にもよく実業団の選手や監督が来られました。実業団が都市対抗で優勝したときなど優勝旗が会社の応接室に飾られていました」（森永）
瓜谷商店でも野球チームを編成し、近くの弥生高女前のグラウンドで他社チームとよく親睦試合をした。もっとも、瓜谷チームの実力は大したことはなかったようである。
本場所と同じ日程で東京大相撲が大連に来た「大連場所」でも、瓜谷商店では場所中、正面桟敷を一マス買い切っていた。
「われわれ若輩も上役から今日の相撲を見に行けといわれ、よく観戦させてもらいました。当時の横綱双葉山、照国《てるくに》、巨漢の出羽嶽《でわがたけ》など、真正面から初めて見ました。好取組のときはもちろん、幹部連中が行きましたが」（森永）
青春を謳歌している社員群像が目に浮かぶようである。

第四章　暗　雲

日中戦争と経済統制

中国では蒋介石が指導する国民党と毛沢東が指導する共産党の内戦が続いて、昭和九（一九三四）年から共産党の長征が行なわれたが、その途中で抗日救国統一戦線を呼びかける宣言を発表した。これに対し日本陸軍は長城以南の非武装地帯に防共自治政府を作らせ、中国国民政府から切り離す華北分離工作を進めていた。

昭和十一（一九三六）年の二・二六事件をきっかけに、陸軍の政治的発言力はますます強まる。十二（一九三七）年一月に政治に介入して宇垣一成内閣を流産させ、六月には国民の大きな期待を集めて近衛文麿内閣が誕生した。

同年七月、北京郊外の盧溝橋《ろこうきょう》付近で日中両軍が衝突した。近衛内閣は初め事件不拡大の方針をとりながらも、陸軍や政府部内の強硬派の意見に押されて強硬方針を打ち出し、華北全域で軍事行動を拡大した。翌月には海軍機が東シナ海を越えて中国の当時の首都南京を爆撃し、日中戦争に突入した。

長造が会頭を務め、公法人としての改組を終えたばかりの大連商工会議所は、七月十四日に三十九名の新議員を集結し、「時局に関する緊急懇談会」を開催した。まず関東州庁長官の訓示があり、瓜谷会頭の提案により懇談会を緊急臨時議員総会に改めることが全員一致で承認された。議員総会で以下の内容の声明書が決議され、近衛内閣総理大臣ほか関係当局に発送することが決定された。

「今回の事変に於ける帝国政府の厳然確乎《かっこ》たる措置に対し、吾人は全幅の支持と協力を竭《つく》すべきは勿論、最前線に在る財界人としての使命を茲《ここ》に発揚すべく、一致団結、挙国的統制の下に銃後の整備を全からしめんことを期し、以て事変の禍根に対し抜本塞源《そくげん》的剔抉《てっけつ》を要望す」

こうして、公法人としての大連商工会議所は、はからずも日中戦争の勃発という日本帝国主義の中国政策の転換期に発足することになった。七月三十一日には、さらに時局の重大化に対応した宣言書を発表した。この宣言書は、時局の重大化に即応した「物資の供給、銃後の守り」を強調するものとなった。

「……惟《おも》うに、北支と最も近接せる我が大連は、今や時局の前衛地たるの重要使命遂行の秋《とき》に際会せり。我等商工業者は宜しく時局の重大性を認識して、私利私欲に趨《はし》ることなく、物資の供給を潤沢にし、以て皇軍の活躍に協力、銃後の守りを完うせんことを期す」

商工会議所では、公法人会議所への改組を記念する宴会を中止し、その経費二〇〇〇円を国防費として陸軍に献金することも決定した。

日本軍は同年十二月には南京を占領、翌十三年十月には広東、武漢を占領したが、重慶に首都を移した国民政府は中国共産党の協力のもとに激しい抗日戦を展開した。

日本は昭和十五（一九四〇）年には、南京に元国民政府の要人・汪兆銘《おうちょうめい》を担ぎ出して傀儡政権「南京政府」を樹立させた。

だが、こうして始まった日中戦争は、満州の経済に第一次世界大戦のような戦時景気をもたらしはしなかった。十五年を転機として、再び輸出減退の傾向を生じている。

「これは、インフレ傾向から価格差現象が顕著となったことと、農産物統制の結果、大豆から他の自給作物への転換が進んだこと、北支の物価高に吸引されて主要農産物の闇流出が横行したこと、昭和十四年九月の第二次欧州大戦の勃発により第三国向け輸出が困難となったこと、など一連の事情があった」（満州国史編纂刊行会編『満州国史・各論』）

かくして昭和十四年度特産三品の輸出額三億五〇〇〇万円が翌十五年度には一億七〇〇〇万円に半減し、したがって輸出総額も八億三〇〇〇万円から六億六〇〇〇万円に激減した。

植民地を広げることで需要も供給も拡大してきて、軍部に「われわれが物資供給、銃後の守りをしっかりするから、日本の兵隊さんたち、がんばれ」という声援を送ってきた植民地内の企業でも、「これは今までと様子が違う」という不安・疑問が生まれてきた。

自由貿易港として発展してきた大連経済も、戦時体制下で、日本本国・関東州双方の統制政策規定をうけて、次第に管理貿易体制に編成替えされていった。

昭和十四（一九三九）年九月、日本本国の円ブロック向け輸出調整強化により、日本国内商品の円ブロック向け輸出は、商品別統制団体または地域別統制団体を経由して行なわれることになり、その輸出権は、日本国内に居住する取扱実績のある業者に掌握されることになった。

関東州においても、すでに昭和十二年には関東州実業組合令が公布され、同種営業に従事する営業者の同業組合結成が奨励・助長されていたが、二年後の日本政府の円ブロックに向けた輸出調整政策は、とても大連の卸小売業者の利害を配慮したものとはいえなかった。

政府の狙いは、戦時中は民間企業間の自由競争をいったん休戦させ、業界全体が単一の企業体を作るというものであった。一方では、大東亜共栄圏における食糧自給問題が緊急課題となり、満州農業の重要性が再認識されるに至った。

政府は満州特産物の振興を図るため、昭和十四年十月、「特産専管公社」を設立し、大豆の買入、売渡を独占的に行なうとともに、既存の糧桟および特産商等の集荷機関も従来通り活動させつつも、大豆の統制に乗り出した。しかし公定価格が割安なことと、不作が災いして十四年度の出回りは激減し、専管公社の集買成績は極めて不良で前年度の三分の一にも及ばなかった。その反面、地場油房の買気旺盛で、糧桟からは大部分その方面へ高値で買い占められていった。これは一つには、豆粕、豆油の価格が公定されておらず、また値のいい飼料用に流れたためであった。

農産物に対する集荷統制にも変化が生じる。まず昭和十五（一九四〇）年九月、重要特産物専管法および主要糧穀統制法を廃止し、特産物専管法および糧穀管理法を公布し、翌月より実施した。新法の狙いは、品目拡大、加工品の包含、交易場中心主義の統制ならびに一手集買の原則の確立、罰則の厳格化等にあった。「関満支貿易調整令」を公布して輸出価格の統制にも乗り出し、円資金管理を強化するなどして、日本からの物資逃避に全面的な規制を加える。

十月、日本における「日満支経済建設要綱」に対応して満州国政府も「日満支経済建設連繫要綱」を発表し、満州経済の重点領域が鉱業と電気事業の振興、ならびに日満支の食糧補給基地としての農産物増産にあることを明らかにした。

また昭和十六（一九四一）年八月には糧穀会社、専管公社、穀粉管理会社の三社の統合が行なわれ、「満州農産公社」が設立された。いまや農産物の国家統制は強化の一途をたどり、国を挙げて農産物集荷に専念することになった。その後に策定された「第二次産業開発五ケ年計画」もまた、石炭・鉄鋼の重点増産と農産物の増産・集荷を基本目標にすえる。

「昭和十五年以降、満州は日本の対満資材供給の徹底した引締めを受け、本格的な経済統制を開始し、満州産業開発五ケ年計画もまた徹底的重点主義への転換という名目の縮小過程に入る。この時点において、日本は、満州経済の開発・育成を実質上放棄するに至ったといえよう」

（山本有造『「満州国」経済研究』）

松岡外相の頼み

国家による公社体制は過去の実績を基本にされるので、業界ナンバーワン企業は俄然有利になる。ほとんどの業界で三井・三菱の財閥系が牛耳り、個人商店は極端に不利な立場に置かれた。

瓜谷商店も十四年には、個人商店から株式会社の「瓜谷特産工業株式会社」に法人成りを遂げているが、業務はどんどん窮屈なものとなっていた。その間の事情を、瓜谷商店元従業員の清水福夫が語る。

「昭和十四年に入ると、すべての商品が統制経済に移行されるようになり、瓜谷特産も運営上東京に支店を創設する必要に迫られ、深川佐賀町に支店を設けました。そこで昭和十六年八月までは全国へ大豆の実績配給を行なっていましたが、折しも臨戦体制下に入ると統制経済は逐次強化されました。『以後は国直営の機関が行なうから』といわれて、商権は取引高に応じて買収され、助成金が出て終わりとなりました。

瓜谷特産は満鉄専用線を工場内に引き込んで能率を上げ、好成績を上げるようになっていましたが、貿易関係はほとんど昭和十六年八月をもって閉鎖したも同然でした。統制外の等外品大豆や雑穀の稗《ひえ》などを細々と輸出していただけです。また、建築用壁材料のドロマイトプラスターを生産して全満の主要都市へ出荷していたのと、その副産物をわずかであったが製鉄用媒介材としてドロマイト軽焼礦と称して八幡製鉄などへ出荷していました」

昭和十五年には大連の官営取引所も閉鎖され、自由な取引はできなくなった。この年、長造は東京・中野に邸宅を購入している。もしかしたら、統制経済下の満州の商売に限界を感じ、東京を拠点とした大豆配給会社という構想を持っていたのかもしれない。

これも推測の域を出ない話だが、長造の長男・敏郎は生前、こんな話をしていた。

「逸話として聞いたことがあるのですが、昭和十六年四月、松岡洋右《ようすけ》さん（第二次近衛内閣の外相）が日ソ中立条約を結んでモスクワから帰りしなに瓜谷に寄って、『ドイツへ大豆を送ってくれないか』と頼んだというんですね。今から考えたらおかしな話です。ドイツに送ったって、途中のシベリア鉄道でソ連に全部取られてしまう。同じ年の六月にはもう独ソ戦が始まりますから、その直前です。もともとドイツへ大豆が行くようになったのは、ドイツの食糧が不足して、満州から大豆を買付けてマーガリンを作るためにシベリア経由で輸入するようになったからです」

松岡外相は、もしかしたら日ソ中立条約の裏取引で、「満州からドイツに送り出した大豆をソ連にプレゼントするから」という約束をしたのかもしれない。

統制経済違反で幹部逮捕

統制経済下では、民間企業の取引高は当然厳しい制約を受ける。そのため、帳簿上の数字が実際の取引規模を表わしているとはいいがたい。元従業員・尾山政利も、

「統制経済に入ってからの資料というのは、そんなことをいっては申し訳ないのですが、量を少なく申告していた形跡があります。私の印象では、そんな少ない数字ではないと思います」

という。

次女・臣子も、

「戦時中も、商売にならなかったという感じはしませんでした。内地は食糧がないから、大豆を食糧として送っていたんじゃないでしょうか。ただ、わりに中国の国境に近いほうだった錦州（遼寧州南西部）での炭鉱の仕事があまりうまくいかないという話を聞いて、子供心にも心配していました」

と証言する。中から見れば、統制経済下でもしたたかに営業を続けていたらしい。しかし、それも大きく暗転する。

先に長造と石塚眞太郎が開発したと紹介した白眉大豆は、種子とサヤがつながっていたヘソの部分が白い品種で、豆腐の原料として重宝されていた。もちろんこの白眉大豆や主力の黒目大豆は統制品になっていたけれど、「それならば、ほかの品種の青目大豆は大豆のうちに入らないのではないか、統制外ではないか」というような逃げ道が考えられた。そこで瓜谷特産では、昭和十八（一九四三）年頃、統制逃れとして、青目大豆だけを集めて白眉の二倍か三倍の価格で売り始めた。

これが、関東州庁から大豆積出しに違反の疑いありと指摘されたのである。

「瓜谷社長のほか、本店営業の岡田氏、工場倉庫の横越氏が拘置され、清瀬一郎弁護士がつきました。結局、戦時中でもあり、瓜谷一号機と二号機の献納、岡田、横越氏を解雇することで、示談となりました。しかしその後は青目も大豆だとなって、駄目だったようです。以降は、軍を後ろ盾にした新しい統制会社がすごく威張り出しました」（尾山）

この「瓜谷一号機と二号機」は、工場内の機械を統制会社に没収されたことだと考えられるが、「戦闘機一機を寄贈した」とする説もある（森永正康談話）。いずれにせよ莫大な金額で、難癖をつけて寄付をさせる、国家による脅迫といえなくもない。

「岡田氏は二ケ月間拘留されたと、本人が言っていました。最後は長造さんの名前で罰金刑で済んだ。後で献納の件で、感謝状をもらったはずです。岡田さんも言っていたけれども、重役たちは何年かおきに日本へ休暇をもらって帰っていたんですが、この事件で岡田さんはじめ皆は、休暇を取り止めました。岡田さんは警察で水攻めにあって、首だけ出る四角い箱へ入って水を飲まされて自白を強要され、苦しくて苦しくて死にたくなるぐらいだったと言っていました。拷問したんですよ、大連の警察は。結局それで耳を悪くして、東京へ行って治してきたと聞きました」（森永）

これより先に、瓜谷商店の支配人だった石塚眞太郎は独立して特産商を始めていたが、彼もまた統制経済下では悪戦苦闘の連続であった。

「石塚さんは、自由競争である取引所の相場というものは絶対になくならないという信念を曲げずに商売をやろうとしたものですから、役人とことごとく衝突しました。関東軍の司令官が日本の駐満大使を兼ねて、遼東半島の長官も兼ねているという三位一体でしたから、軍部に対しては何も口出しできません。石塚さんは睨まれ、ひどい目にあいました。言うこと為すことにいちいち因縁を付けられました。当時、農産専管公社というのができて、そこへ三井か三菱から出向して一応体制を整えて、それにやらせようということになっていました。役人は岸信介が東京から来ていましたが、直接軍部に反論するようなことを言ったら大変だから、軍部を立

てて、われわれを押さえようとしたわけです」（村田米太郎）

ここに登場する岸信介とは、ご存知のように昭和三十二年から首相になり、新日米安保条約批准を強行してタカ派首相として有名になった政治家である。昭和十一（一九三六）年から三年間、満州国の実業部総務司長、総務庁次長という高官を歴任した敏腕官吏であった。安倍晋三首相の祖父に当たる。

長造といい、石塚といい、軍部や財閥の権力と距離を置いてきた個人商店の弱みを一気に衝かれることになった。

太平洋戦争と満州

昭和十六（一九四一）年四月、近衛内閣は、悪化しつつあった日米関係を修復するため野村駐米大使に日米交渉を始めさせた。六月に独ソ戦が始まると、軍部の強い主張によっていっそう南方進出を強化すると同時に、ソ連がドイツに敗北した場合にはソ連を攻撃する計画を立て、関東軍特種演習（関特演）と称して満ソ国境に大軍を集めた。日本軍が南部仏印進駐を開始すると、アメリカは対日石油輸出禁止でけん制し、米英中オランダのＡＢＣＤ包囲網をもって対日経済封鎖を強化した。

　武力によって対日包囲網を打ち破らんとして、日本はついに同年十二月八日、ハワイの真珠湾を攻撃、米英に宣戦布告する。

　太平洋戦争開戦に当たって決定された「戦時緊急経済方策要綱」では、「農産物に関しては之が積極的増産並びに集荷の万全を期すると共に、国内に於ける配給規制を更に強化し、以て対日輸出余力の増大に努むるものとす。尚、在来日本に依存せるものに関しては、極力之が自給化、乃至は他の自給生産物への需要転換の措置を講ずるものとす」としている。要するに、対欧貿易の途絶・太平洋戦争の勃発とともに、満州農業には、外貨獲得に代わって帝国圏への食糧供給が課せられたのである。

　昭和十七（一九四二）年五月までに日本軍はグアム、香港、フィリピン、マレー半島、シンガポール、オランダ領東印度（現インドネシア）、ビルマなど東南アジアの大部分を破竹の勢いで制圧した。日本はこれらを欧米列強の植民地支配から解放し、「大東亜共栄圏」を建設するという戦争目的を掲げていた。

　太平洋戦争緒戦勝利と満州建国十周年の祝賀気分のなかで、同年十二月、「満州国基本国策大綱」が策定される。その根本方針は「国力を大東亜戦争完遂に結集し、進んで大東亜共栄圏必成に寄与せんことを期す」ことにあるとした。

太平洋戦争開戦とともに満州の経済統制はますます強化され、物資不足は深刻となった。農産物集買については、相当広い地域にわたって指定集買人になったので、三菱商事など財閥系商社は別組織である「康徳桟」の名のもとに農産物の集買・加工に加えて、見返り物資の販売などに広範囲の業務を営むことができた。

「このような状況下にあって、打撃が最も大きかったのは大連（支店）である。特産関係や金属・燃料関係は統制団体の手に移り、機械関係は購買側の窓口が奉天、新京に移ったため、第二次欧州戦争勃発の昭和十四年頃を境に、大連支店は縮小の一途を辿ってきたが、太平洋戦争の勃発はこれに拍車をかけることとなった。（中略）既に述べた康徳桟は、満州監督兼新京支店長が社長を兼任し、着々と機構を整備していった。（中略）康徳桟は特産の集買のほか、各種事業にも進出し、万丈の気を吐いていた」（『三菱商事社史』）

緒戦の勢いと打って変わって、十七年六月のミッドウェー海戦で敗北して以降、戦況は徐々に悪化していく。

第五章　慈　父

老虎灘の別荘

ここで、私人としての長造がどんな人物であったのかを探ってみよう。

瓜谷商店は大連埠頭の近くの山縣通りにあり、それに接して長造一家の自宅があった。長造の七人姉弟の一人ですぐ上の姉、大塚すてがしばらく同居していた。すては、夫を失くした未亡人で子供も失くしていた。長造は不憫と思って彼女を引き取り、同居させていた。すては、長造の妻とも仲がよく、長造の子供たちをよく可愛がったという。

長造は五男四女の九人の子宝に恵まれたが、最初の子、長女・聿子が生まれたのは長造が二度目の渡満をして、瓜谷商店を創業した翌々年の大正三（一九一四）年三月。結婚後六年してできた子供であった。

「母が子宮後屈とかで、結婚してすぐには生まれなかったのです。手術をしてから姉が生まれたのです」（臣子）

以後は、九人目の匡子《きょうこ》（昭和二年生まれ）までが一、二年おきに生まれている。

その間、いつかははっきりしないが、郊外のリゾート地、老虎灘に敷地百坪の別荘を買っている。山縣通りの自宅から路面電車で小一時間ほどで行ける距離であったが、舗装されていない近道もあった。

冒頭に紹介した清岡卓行の小説『アカシアの大連』には、老虎灘の雰囲気に触れたこんな一節がある。

「老虎灘はいちばん馴染が深かった。小学校の遠足や中学校の教練の行軍でそこへ出かけるとき、往きは山間の裏街道を歩き、帰りは町の中の表街道を電車で戻ってくるのが常であったが、たまたま、裏街道の入口とその傍の万花園という植物園が、彼の家の前の坂道をほんの少し登ったところにあったからである。夏休みなどには、兄弟やクラスメートと一緒に、彼はよくその山間の砂埃《すなぼこり》が多く人気がない街道を縫って歩いた。途中にある一二三《ひふみ》牧場という原っぱで、黒い豚が子を生むのを見て驚いたりしながら、八キロほどのコースに快くくたびれ、目的地に着くと、まるで疲れと汗と埃を適当に取り払おうとするかのように、波がいくらか激しいその海に静かにつかっていたものである。泳ぎもしないで、仰向けに浮かんだりしながら、周囲の、彫りの深い岩壁や断崖を眺めているのであった。老虎灘という名前にふさわしい、いわば男性的なそこの風光が彼は好きであった」

まだまだ農村色が濃い、未開の名勝であった。

長造は、初めの頃には、別荘を主に夏季だけに使っていたが、次第に別荘が家族の主な住宅として使用されるようになった（写真参照）。そして、昭和九（一九三四）年にはそこを大改装している。長造は努めて老虎灘宅に帰ってきたが、遅くなると山縣通りの旧宅に泊まったこともあったという。

住み込みのお手伝いさん（日本人女性で、時期によって一人または二人）やボーイ（中国人）が家事を手伝っていた。ほかに老虎灘宅では、庭師の一家（中国人一家、後に日本人一家、その後にまた中国人一家と代わった）が別棟に住んでいた。冬の暖房は全館がスチームであり、そのためのボイラー炊きも庭師の仕事に入っていた。

長造の三男・郁三（大正八年生まれ）は、当時の自宅の様子をこう語っている。

「父は、山縣通りでもそうでしたが、老虎灘宅は収入や家族数に応じてよく改造していました。小生が中学生の頃には、老虎灘宅ではトイレは三つあり、そのうちの一つは大理石で造られていました。またその頃の応接間の調度品は粋《すい》を凝らし、満州国の高官が大連を訪れたときには、それらを借用したいとの申し出もあった様子です。

庭も時に応じて少しずつ変えられていきました。最終的には、まず小さな池があってそれに橋が架かっており、池には滝、噴水、数羽の青銅製の鶴が飾られ、そのそばに亭《チン》と呼んでいた四阿《あずまや》が造られていました。庭には色とりどりの花が植えられ、大きな桜の木が二、三本植えられていました。子供のことを考え、庭の端にブランコ、鉄棒、滑り台などの遊具も備わってい

戦前の瓜谷邸（丘の頂上から２軒目）。改装前。

改装前の瓜谷邸の庭で、長造夫妻と子供たち、お手伝いさん。

ました。

　中学の低学年の頃、老虎灘宅には馬小屋があり、二頭の乗馬用の馬が飼われていました。父が乗馬を楽しんでいたようです。ところが、すぐ上の長雄兄が中学三年頃でしょうか、そのうちの一頭に乗り、落馬してしまったんです。それが契機になったのか、馬はよそに預けられ、二度と帰ってきませんでした。その後、馬小屋は子供たちの勉強部屋に改築され、主に私が中学低学年時に使用していました」

　次女の臣子（大正十三年生まれ）も老虎灘のことはよく覚えている。

「今も小学校や女学校のお友だちに会うと、よく『あの家でかくれんぼしたけど、見つからなくて泣いちゃった』などと言われますね。それくらい広かったのです。庭には立派な桜の木がありました。庭から海が見えて、海水着にタオルを羽織って下りていけば泳げたという感じでした。庭の青銅製の鶴は、一回泥棒に盗られて騒いだことがあります。

　父は老虎灘の家がたいそうな自慢で、お客さんが来るたびに、家中ずーっと案内するのです。そのたびに、母が出ているものを押し入れに片付けたりして苦労していました」

　聿子の長女で、孫の瑛子も内地で生まれているが、疎開で祖父の家には何度か行っていた。

「老虎灘の家は広くて、私、ピアノを習っていたんですけど、ピアノの部屋がありました。食堂も広くて立派なイギリス風の食堂で、そこでお食事するのは祖父だけで、私たちは台所のほうの食堂を使っていました。とても広くて、探検するのが楽しかった。小鳥の部屋もあったし、離れのお茶室もありました。叔父たちのための勉強部屋もあったし。ベランダからは海が見えました。外には温室があって、お蔵が付いていて、広いお邸《やしき》でした」

趣味人としての長造

長造は趣味も豊かであった。謡曲（宝生流）は同好者十数人とともに、しばしば山縣通りの家の二階で稽古をしていた。

骨董にも深い関心を持ち、蒐集していた。山縣通り宅と老虎灘宅に、それぞれ骨董品保管専用の部屋があった。それらのいくつかを選びながら、家の座敷に置き、飾っていた。

陶芸家の今右衛門（肥前有田赤絵町の陶芸家、第十一代・今泉今右衛門）が年二、三回くらいの割合で作品を瓜谷家に持ってきて、長造はそのつど、作品を買っていた。大連に来ると、長造宅に数日間、逗留していたという。老虎灘の庭をスケッチしてそれを水差しにしてくれたが、その水差しは長女・韭子に嫁入り道具の一つとして持たせた（写真参照）。

茶道はもともと妻のむめが熱心であったのに影響を受けて始めたらしい。むめは裏千家であったが、長造は宗偏《そうへん》流という流儀で、それは大連の森永製菓の斉藤武という重役が師匠であった。もちろん、老虎灘の邸には茶室も設けられていた。長女の聿子もその薫陶を受けた。

長造の多彩な趣味は業界でも有名であった。長造の死後の追悼文では、そのことが必ずつけ加えられていた。

今右衛門の水差し。

「思えば昭和十七年夏、私が大連に赴任し、同年秋、内地に打合せのため出張に際し、計らずも瓜谷さん御夫妻と同船致しました。徒然《つれづれ》のままに食卓で趣味の話に花をさかせ、たまたま茶道の話になりますと、誠に御熱心な御質問や、御自分の信念とする処なども話され、上陸地迄大陸の実業家にも斯様《かよう》な趣味の人もあるかと嬉しく、楽しい時を過ごしました。

その後、大連に帰ってから老虎灘の御自邸に御茶の御招待を受けました。正式の茶室が誠に眺望絶佳の処に造られ、その優雅さには敬服の外ありませんでした。この茶室は満州国の国務総理（日本でいえば首相にあたる）鄭孝胥が見えられ、茶の一時を過ごされ、茶畔閣と名づけられた由緒ある茶室でした。令夫人は裏流の奥儀を究められた方でありますにも拘らず、私の宗徧流に御入門せられ、誠に御熱心な探求であり、ご精進でございました。（中略）

又、茶道に付随したものではありますが、南画の趣味も深いものがありました。大連では佐藤至誠さん、瓜谷さん、田村さん、首藤さん、相生さん、谷川さん、寺島さん、鳥羽さんも会員であったと記憶しておりますが、毎月観賞会を致され、私も同人となりました。『玉くら』で純南画の筆法を私が御披露中しあげ、藤につばめの絵を揮毫《きごう》した事も思い出であります。瓜谷さんは斯道《しどう》にも一見識をお持ちでありました。お茶の御稽古に見えられた折り等、私の揮毫した南画をいつも楽しんで頂きました。（中略）

謡曲も私共と同門の宝生流で仲々の御熱心で、風流人としてご交誼を頂いて約二十年、思い出に限りなく、御冥福をお祈り申しあげて淋しい永の別れを悲しむ次第であります」（元満州森永重役・斉藤武）

「大連商工会議所の議員時代に親しく口をきくようになったのだが、満州一の多額納税者であった氏とは雲泥の差にあった資産状態の私ではあったが、そこはそれ、何とも平気な私は対等に口をきく図々しさが気に入ったのか、お茶に招かれて老虎灘の海を見はるかす閑寂な広い部屋で、そこはかとなくお抱えの骨董屋が次から次と庫から取出してならべる書画骨董を、くさしたり褒めたりして遊ばせて戴いたことを想い出す。スダレがかかっていたから、夏だったよ

瓜谷邸の庭から眺めた老虎灘海岸。

うだ。立派な恰幅《かっぷく》の奥さま——今は痩せて上品なおばあさま——のおもてなしでお茶がビールになり、アライなどを御馳走になって、言いたい放題の事を言った記憶がある。

その時、何かのはずみで瓜谷さんは、日頃嗜《たしな》まれた謡《うたい》をキチンと坐り直して朗誦されたが、その荘重な声が今なお、私の耳底に残っている。加越能のいずれの産か忘れたが、重いお国訛りで謡われた姿が忘れられない。『あなたは演説は下手だが謡はお上手ですね』と褒めたようなクサシたような無礼な言葉にも、苦笑しただけで何も言われなかった。底の知れない大きな人との印象、まず満州向きの茫洋たる何を考えているか見当のつかぬ人」（元大連市会議員・恩田明）

多趣味をひけらかすというよりは、趣味を媒介にして友人を作り、客をもてなすことに歓びを見出していたようだ。

小学校しか出ていない長造は、ひそかに各方面の勉強もしていた。それは子供たちもよく知っている。

「父は、職業上、多くの書信を記す必要がありました。小学校しか出ていない父は知っている文字も少なく、字も下手だったのでしょう。私の小学校時代、父はよく書斎でペン習字の練習をしていました。父は、私たちが内地の高校や大学で学んでいた頃、毎月学資とともに励ましの手紙を送って下さったが、その手紙はペン書きされて、なかなかの達筆だったと記憶しています」(郁三)

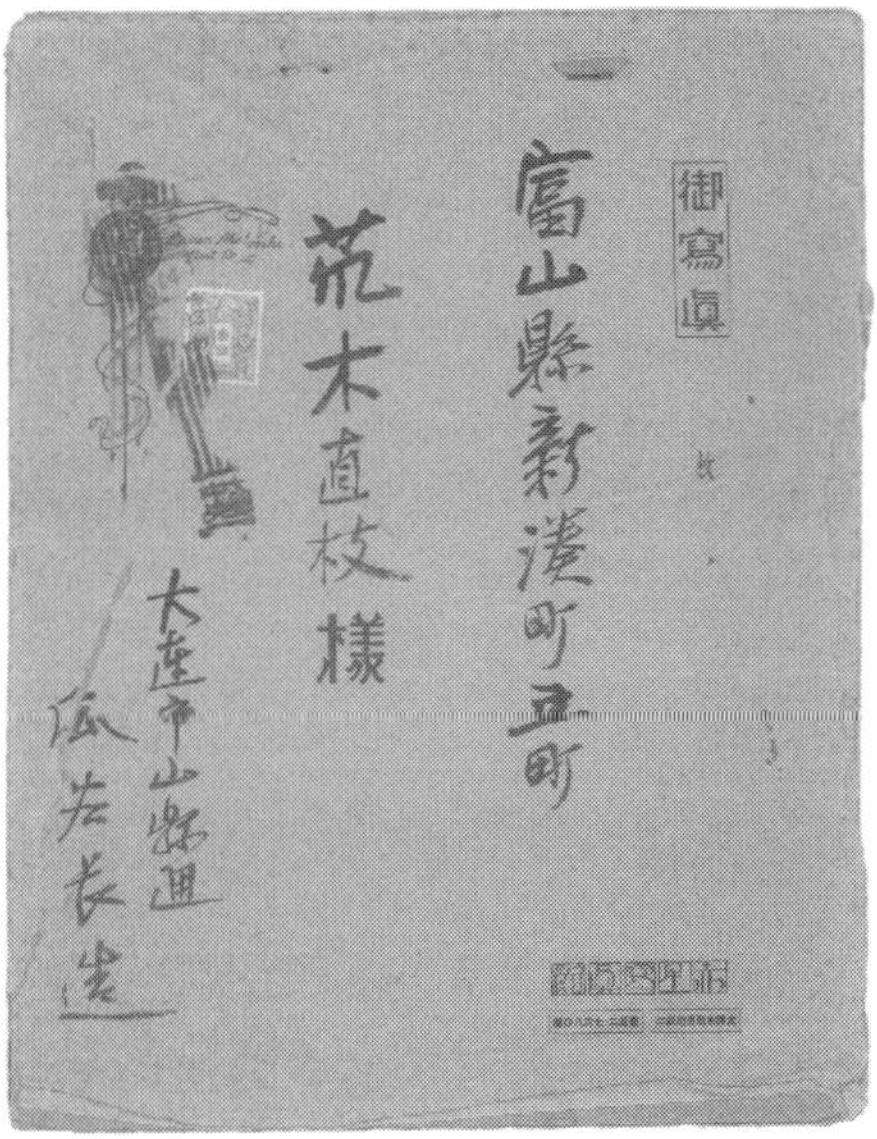

姪あての手紙の表書きに見る長造自筆の筆跡

「父は自分に学歴がないことで、とても劣等感を感じていたと思います。たとえば、少し偉くなって商工会議所の会頭になってからは、演説もしなければなりませんし挨拶文を書くこともあ

ります。ですから、書斎なんかには、ゲーテ全集とか漱石全集とかが置いてありました」（臣子）

五十六歳時の大病

また、長造は信仰心が強かった。瓜谷家は浄土真宗西本願寺の檀家で、子供たちが幼い頃、老虎灘の家には日曜日ごとに、西本願寺所属の僧侶を招いてお経を唱えてもらい、子供たちはそれに唱和させられた。その後に説教があり、みな熱心に聞いていた。長造は毎朝、必ず仏壇と神棚を拝んでいた。

「病気のときに老虎灘の庭で白ギツネを見たという人がいて、それから父はお稲荷さんの小さなお宮を庭に建てて、廊下から遥拝するような造りにしました。それからは朝起きると、まず仏壇にお経を上げて、神前に柏手を打って、それからその小さな祠《ほこら》を廊下から声を上げて拝んで、それから一人で朝食をとっていました」（臣子）

ここでいう病気とは、昭和十三（一九三八）年の一月、長造が五十六歳のときにかかった大病を指している。盲腸の手遅れで腹膜炎を起こし、一時危篤状態にまでなった。内地に行っていた子供たちも呼び寄せられ、飛行機や朝鮮回りで帰ってきた。

長女の婿である板垣與一《よいち》も見舞いに訪れ、集まった親族一同で、大連神社に病気回復の祈願を行なった。

そのとき支配人であった石塚眞太郎は、郁三に対して、

「社長の病気を治すためなら、一〇〇万円出しても惜しくない」

と語っていたそうである。当時の一〇〇万円といえば、今の貨幣価値に直すと二七億円に当たる。

この大病を機に、長造は商工会議所会頭を辞任する。

「それから父はあまりがむしゃらに働かなくなったような気がします。体型もちょっと細くなって。健康にも留意するようになりました」（臣子）

「父は健康を維持すべく、健康法には関心がありました。山縣通りの自宅兼事務所では仕事の合間に居間に来ては、その頃流行していた西式彊健《きょうけん》術に沿った体操をしていました。私がまだ小学校の低学年で身体が柔軟だったために、父はそれを見て『おお、お前は柔らかいなあ』と感心していました。また、父は富山県の新湊の生まれなので水泳の経験があり、子供たちと泳ぐのを楽しみにしていました。ただ、泳法は立ち泳ぎでしたね。

たびたび郊外に遠足にも行き、市内と老虎灘の中間に浜辺があって、棒棰島《ぼうすいとう》と称する円錐状

の島が近くに見えるのですが、往復とも歩いてそこをよく訪れました。そこで、母が作ってくれたおむすびをともに美味しくいただいたことを思い出します」（郁三）

長女・聿子の次女・慶子《よしこ》も帰省のたびに会っていた祖父のことをよく覚えている。

「星ケ浦の夏祭りでは、祖父がやぐらの上からおみやげをふりまいていました。私たち家族は、やぐらの上から見ていて、住民は大喜びで拾っていました。瓜谷名義で小舟を何艘もチャーターして、出していました。確かに祖父はお金持ちでしたが、茶人だったせいで、決して傲慢でも成金趣味でもなく、他人には優しかったと思います」

学問・芸術に造詣の深かった妻むめ

ここで、妻むめがどんな女性であったかについても触れておこう。

長造は学歴という点では無学であるが、むめは当時にしてはインテリ女性であった。もともと奈良の女子高等師範を受けたかったのだが、母親に止められて、長造と見合いをして結婚した。

「母は、賢明な判断力と素晴らしい記憶力を持ち、生涯を通じて知識を求め、学問・芸術に強い関心を持っていました。私も今は年をとって、改めてその記憶力に感心しています。また、茶道や日本画を得意としていました。資産家に嫁いでいながら成金にならず、質素を旨として、いい躾《しつけ》と教育をしたと思います。私が中学の頃、大連に能舞台が完成し、有名な能楽家が演技を披露するというので、母とともに出席したことがあります。そのときの出し物は『隅田川』でしたが、母はそれに感動して涙を流していたのが忘れられません」（郁三）

能の『隅田川』は、我が子を人買いにさらわれてそのショックで発狂してしまった母親が、船頭に連れて行かれた我が子の墓前でその幽霊と会うという物語。子を想う母親の悲哀がテーマになっている。

「父はとても母を尊敬していました。母はとても大人しく口数の少ない人でした。私たちは母にも怒られた記憶はほとんどありません。お店の人たちも、とても母を尊敬してくれていました。私が女学校のときの作文に、私の尊敬する人というので母のことを書いたんです。それを読んで、父がすごく喜んだことを覚えています」（臣子）

夫が出世しても決して奢《おご》らず、生活は質素を旨とし、子供たちはきちんと躾ける。人生の価値を金銭で計らず、学問・芸術を尊ぶ。まさに大和撫子《やまとなでしこ》の鑑《かがみ》のような女性であったらしい。

子煩悩で教育熱心

すでに述べたように長造と妻むめとの間には、五男四女の九人が生まれている。﨓子、敏郎（のち侑広と改名）、長雄、郁三、晴夫、光生《みつお》、臣子、圭子、匡子の九人である。このうち、晴夫は六歳で夭折している。

当然とはいえ、両親は子供すべてを可愛がっていた。山縣通り宅でも老虎灘宅でも、子供たちに不自由をさせなかった。

子供たちは山縣通りの自宅から徒歩十分くらいのところにあった朝日小学校に通う。もちろん、教師も児童も日本人だけの、日本人居住者のための学校であった。老虎灘に行ってからも、そのまま朝日小学校まで路面電車で通った。

当時の大連の学校事情は、以下のようになっていた。

日露戦争が終結すると、家族連れで大連に移住する日本人が増加し、学校が必要になった。日本人に対する初等教育は、明治三十九（一九〇六）年に関東都督府の前身である関東州民政署が大連小学校を開設したのが最初である。このときの児童数は一二五人であった。その後、関東都督府はその校舎を大広場近くの東公園町に新築した。この学校はのちに大連第一小学校となり、いったんは大連高等小学校となったのち、大広場小学校と改称された。さらに明治四十二（一九〇九）年には児童数の増加に対応して、大連第二小学校を北大山通りに新築した（のちの日本橋小学校）。その後も人口増加が著しかったので、西公園町に第三小学校（のちの常盤小学校）、第四小学校（のちの朝日小学校）を開設した。

大正五（一九一六）年における児童数は三五四二人となり、大連小学校の開設以来十年間で約二十八倍に急増した。このときの関東州全体の児童数が五三三〇人、ほかに満鉄鉄道付属地に満鉄が開設した小学校に通う児童が三九二三人であるから、中国東北地方における日本人児童の約三分の一は大連にいたことになる。

中等教育についてはだいぶ遅れて大正七（一九一八）年に、中学が開設される。その後、第二中学校、さらに大連市立大連中学校、大連第三中学校が開設された。また、当時の中学校はいずれも男子校であり、女子生徒は女学校（高等女学校）に通うのが常であった。大連最初の女学校は、大正三（一九一四）年開校の大連神明高等女学校である。

一方、実業学校としては、東洋協会満州支部が設立した大連商業学校と、満鉄が中級技術者養成を目的として明治四十四（一九一一）年に開設した南満州工業学校があった。土木・建築・電気・機械・採鉱の五学科があり、専任の教官のほかに満鉄の各分野の技師が非常勤講師として授業を受け持ち、また中国語の授業を時間割に組み込むなど、卒業後も満州各地で就職することを前提としたカリキュラムであった。初期の卒業生の多くは満鉄に入社している。

なお、大連における高等教育機関は、南満州工業学校を大正十一（一九二二）年に改組して設立された南満州工業専門学校のみであった。旅順にも旅順工科大学があったのみで、普通教育を行なう高等学校や大学は大連だけでなく旅順にもなかった。したがって、高等学校や大学、あるいは工科系以外の高等専門学校への進学を希望する学生は、中学校を卒業すると、日本国内に寄宿するのが常であった。

長造は、子供たちには、その熱意に応じて上級学校に進むことを望んでいた。瓜谷家では、とくに長男・敏郎が進学熱に燃えていて、よく受験雑誌を読んでいた。下の子供たちは自然にその影響を受けていたらしい。前述のように、長造は明治時代中期の少年であったので尋常小学校四年までしか学校教育を受けていない。そのため、「もっと勉強したかった」という苦い経験もあったので、子供たちにはできるだけ高い教育を受けさせたいという暗黙の期待を持っていた。

山縣通り時代には、習字の先生を自宅に招き、習字の勉強をさせていた。また、英語や数学の先生を招き、課外勉強をさせていたこともあった。女の子には、自宅に先生を招き、ピアノや琴を習わせていた。

それでも、勉強を強いたことはなかった。

「父は勉強しろとは言いませんでしたが、私が受験勉強をしている夜八時頃になると、しばしば肝油や温かい牛乳を自ら運んで、『どうだ、進んでいるか』と激励してくれ、いい励みになりました」（郁三）

「父は社会人として威厳はあったけれども、家ではすごく子煩悩で、小さいときもよく遊んでくれました。肩車したり、高いところから飛び降りたらそれを受け止めてくれたり。私たち兄妹みんな、父に叱られた記憶がありません。一番上の兄もよく『お父さんは優しくて厳しくなかったから、もうちょっときちっと教訓をたれてくれたらよかったのに』という不満をこぼしていたほどです。勉強しろ、と言われたことは、誰もありません。それでも私たち兄妹には兄たちを見ていて、進学するのが当たり前という風潮がありました。成績では、長雄という兄が一番できたんです。それでも父は、他人にはよく子供の自慢をしていました。どこの高校に入ったとか、男はみんな東大に入っているとか……。よほど嬉しかったのでしょう。そういう自慢話を聞くと、私たち恥ずかしくてすぐに逃げて行ったことを思い出します」（臣子）

そうして、子供たちは順調に進学し、最高学府まで突き進んでいった。当時としては珍しく、女子も三人が内地の女子大に入学した。

長女・聿子は長春高等女学校を卒業し、次いで旅順女子師範学校補習科に学び、卒業している。

長男・敏郎は大連二中を卒業後、父の生地富山県にある富山高等学校で学んだ。卒業後、東京帝国大学経済学部に入学。卒業後半年ほど瓜谷特産工業に勤務したが、海軍経理部士官学校で海軍士官となり、東京、新京（現・長春）で勤務。昭和十七年、元満鉄理事で福井県選出代議士・中西敏憲の長女・光枝と結婚。媒酌人は八田嘉明鉄道大臣で、来賓席には岸信介ら満州政官財界の要人が並んだ。終戦時には海軍省に転勤になっていて、海軍大尉として東京で勤務していた。

次男・長雄は大連二中を卒業後、京都の第三高等学校で学び、次いで東京帝国大学法学部で学んだ。卒業とともに興業銀行に就職。その後、日本鍛工に勤め、そこの監査役になり退職、姫路師団歩兵連隊に入隊した。次いで陸軍経理学校（在新京）で教育を受け、陸軍少尉となる（終戦とともにソビエト連邦に抑留され、約二年後に帰国した）。

三男・郁三は大連二中を卒業後、金沢市にある第四高等学校で学び、次いで東京帝国大学農学部で学んだ。卒業とともに満鉄中央研究所に就職したが、直ちに姫路師団第五四連隊（野砲兵連隊）に入隊した。次いで経理部衣糧科幹部候補生に採用され、陸軍経理学校（在東京・小平）で教育を受け、陸軍糧秣本廠研究部に配属された（終戦時は陸軍主計中尉）。

五男・光生は大連二中を卒業後、肺結核にかかり、大連で療養を続けた（戦後、引揚げ前に同地で死去した）。

次女・臣子は大連神明高等女学校四年修了とともに東京女子大学国語科で学んだ。病気で二年次に退学して大連の自宅に帰った。

三女・圭子は大連神明高等女学校四年修了とともに東京女子大学英語科で学んだ。だが卒業を間近に控えた終戦直前の昭和二十年五月には空襲が激しくなり、大連の自宅に帰った（なお、卒業したと認められ、卒業生名簿に掲載されている）。

四女・匡子は終戦時、大連神明高等女学校に在学していた（詳しくは後述）。

娘婿に別荘をプレゼント

低学歴でも社会的に成功した人間は、ややもすると教養・学問を低く見る金銭至上主義に陥りがちだが、長造は逆であった。人間の価値は、富や身分では計れず、教養や学問で高めることができるという意識をきちんと持っていた。だからこそ、子供たちには許される限りの学問を修めさせてやりたいという思いが強かったようである。

聿子の次女・慶子は、長造が常に「ビジネスの世界は先がどうなるかわからないが、一度修めた学問は無駄にならず、生涯安定している」と言っていたのを聞いている。

わが子の教育ばかりでなく、娘たちの婿選びにも長造の価値観は発揮された。まずは長女・聿子の夫として、自らの故郷富山県新湊出身の学者、板垣與一に白羽の矢を立てる。

板垣は、明治四十一（一九〇八）年生まれ、東京商科大学（現在の一橋大学）を卒業し、聿子が二十歳を迎えた昭和九（一九三四）年三月現在では二十五歳、母校に残って補手をしていた。学者というよりは、まだまだ「学者の卵」である。この月、板垣は母が付き添って大連老虎灘の瓜谷家を訪問している。長造は板垣の父・外次郎と同郷ということで親交があったが、おそらくは、長造をはじめとする周囲がセッティングしたお見合いであったのだろう。この初見合いで双方が気に入り、婚約の運びとなる。同年九月、聿子は上京。杉並区に住む叔父、魚谷伝太郎宅に落ち着き、花嫁修業に励む。

二人が結婚したのは翌昭和十（一九三五）年五月十八日である。板垣與一の長女・瑛子がその後の出来事を語る。

「結婚した翌年に、祖父（長造）が新婚のうちの父に『與一君、何か欲しいものはないかね』って聞いたらしいんです。そしたら父は、『軽井沢に書斎が欲しい』と言ったそうです。祖父は軽い気持ちで聞いたのでしょうが、父は日ごろから欲しいと思っていたので、つい口から出ちゃったのでしょう。その頃学者っていうのは今の学者と違って、どちらかというと経済的に余裕のある人たちがなるような職業だったみたいですね。大学へ行くのも一握りですし、ある程度の資力がなければできなかったんでしょう。で、当時は、学者は夏は軽井沢に行って、学者同士のつき合いの中から何か生んでいくっていう風潮があったらしいんですよ。それに父が憧れていたんですね。

祖父のほうは、大連商工会議所の会頭になっていて、仕事が一番うまくいっていたときですね。それでも自分は小学校しか出ていないので、できれば娘は学者に嫁がせたいという希望を持っていたんです。だから書斎を造ってほしいと言われたときも、かえって、この婿さんはそんなに勉強熱心なのかって、嬉しかったんでしょう。『よし、わかった』と言って、それから一緒に自動車に乗って下見に行って、浅間山が全部見えるところがいいというんで場所を決めて、その年の八月には軽井沢南ヶ丘の別荘を建ててしまいました。その頃、南ヶ丘に別荘を建てた人は本当に錚々《そうそう》たる人たちで、財閥みたいな人でなければ造れなかったところらしいんです。私は昭和十二年に生まれているんですが、生まれたときから行っています」

別荘の敷地はおよそ一〇〇〇坪。そこに長造は建物を建てただけでなく、テニスコートもつくり、別荘番をそこに住まわせていたというから、ランニングコストも相当かかったことになる。

板垣與一は戦後、以下のような一文を書いている。

「大正末期から昭和初頭にかけて経済学会では東の福田徳三、西の河上肇との間に、マルクス資本論邦訳を巡る論争が火花を散らしていた。昭和三年の夏、軽井沢をこよなく愛された福田先生は門下の弟子四名を千ヶ滝山荘に呼び寄せて、マルクスの労働価値説、価値法則の問題点について盛んに論議を闘わされた。（中略）

思うに、浅間山麓の林の静けさこそ、まさに人の心に知的情熱の火を燃え上がらせる口火ではなかろうか。

浅間山劇《はげ》しきものの静けさよ　白金の火の巻毛うごかず（晶子）

学者といわず、作家、詩人、歌人、画家、建築家等々、軽井沢を限りなく愛した人々の心の奥には、静と動との張りつめた緊張が絶えず波打っていたのではなかろうか。

劫初《ごうしょ》よりつくりいとなむ殿堂に　われも黄金の釘一つ打つ

知的に目覚め始めていた学生時代の私は、この晶子の歌に夜も眠れぬほどの感動を覚えた。その晶子が軽井沢にきて豪快に詠った。

秋風にしろくなびけり山ぐにの　浅間の王のいただきの髪

私がまだ見ぬ軽井沢に憧れの心を抱いたそもそもの切っかけは、このような知と情の炎をかき立てる浅間の心象風景に魅せられたからだ。浅間の山容を何処からでも眺められる南ヶ丘に、昭和十一年、ささやかな山荘を営み、毎夏を軽井沢で過すようになってから、六十五年の歳月が夢のように過ぎ去った」（軽井沢文化協会『軽井沢120年』）

　軽井沢には明治期から外国人要人や日本の政財界人の別荘が相次いで建てられ、西洋式ホテルも次々と建てられる。明治四十五（一九一二）年には横川・軽井沢間が電化され、大正期になると、文化面でも多くの活動が始められ、軽井沢夏期大学の前身「軽井沢通俗夏季大学」は、軽井沢に別荘があった後藤新平、新渡戸稲造によって創設され、長い間、地方の文化の向上と啓蒙に役立ってきた。文学者も多く訪れ、与謝野晶子・鉄幹、室生犀星が大正十一年に避暑に来ている。後に軽井沢とは深いつながりができる人々である。また、犀星の人脈による萩原朔太郎、芥川龍之介、堀辰雄、立原道造、福永武彦、中村真一郎といった人々が軽井沢文学の流れをつくり、文学的息づかいを脈々と受けついでいく。

　板垣與一の研究生活において、軽井沢の別荘が果たした功績は相当なものがあった。また、教え子たちの合宿所としても大いに活用されたという。その後、板垣は母校の助教授、一橋大学教授、経済学部長を経て名誉教授となっている（平成十五年没）。

　学者に対して一種の羨望とともに絶大な敬意を払っていた長造であったが、その子供たちのうち、結局、三男の郁三が学者になり（戦後、名古屋大学で農学博士、名誉教授）、娘のうち三女・圭子も小島清（その後、一橋大学名誉教授）に嫁いでいる。

　長造が東京・中野区に家を買ったことは前に述べたが、ここで学生生活を送った子供たちも多い。次女・臣子はその一人である。

内地の女学校は五年制であったが、満州の女学校は四年で修了でき、大学の入学試験も受けられた。昭和十六（一九四一）年に東京女子大へ入学した臣子は、親元を離れて寮に入る。その一年後に長造が中野区江古田に家を一〇万円で買ったので、寮を出て長男・敏郎と一緒にそこに住むことになる。

「大学の夏休みや冬休みの帰省が楽しみでしたね。お友だちと帰ってくるときの船は三等で帰ってきましたけど、内地に戻るときには、たいてい父が一等室とか二等室を取ってくれて、帰ってきました。一度兄と帰るとき特等室を取ってくれたことがありました。バイカル号とか、大きな船ができた頃です。その頃大連からは船で下関に寄って、瀬戸内海をずっと通って神戸に着くのに四日かかりました。神戸にも父の関係する会社を親戚が経営していたので、そこに寄りました。そこにも父が家を一軒買ってくれていました。そこから国鉄のハトとかツバメに乗って東京に戻りました。片道だけで五日間くらいかかっていましたね」

長造はこうして、学問の道を歩む息子や娘たち、さらに婿にまで、惜しげもなく精神的・経済的な援助をしていた。

第六章　崩落

老虎灘の疎開生活

ガダルカナル、アッツ、マリアナ沖、サイパン、レイテと日本軍は敗戦が続き、昭和十九（一九四四）年八月から大都市部の国民学校の児童は強制的に地方に疎開させられていた。学徒動員で中学校以上の生徒は軍需工場に駆り出され、女子も女子挺身隊として労働に駆り出された。銃後の主婦たちも大日本国防婦人会として消火や軍事の訓練を受けさせられた。

十九年の年末からは本土は連日のように米軍機による空襲に見舞われた。

満州でも「根こそぎ動員」といって、工員であれ農民であれ、健康な男子は根こそぎ徴兵を受けた。校庭では軍事教練が行なわれ、工場では女学生たちも駆り出された。とはいっても満州は、「戦時中」というムードは漂っていたが、空襲もなく、銃声や爆音が聞こえるわけでもなく、比較的平穏であった。

清岡卓行『アカシアの大連』は、戦時中の大連をこう描写している。

「そのときの大連は、自由港花やかなりし頃の昔に比べれば、戦争によってやはり相当さびれてはいたが、同じ時期の日本の内地の都会に比べれば、まだまだずいぶん恵まれていた。

それまでに、空襲をたぶん一回だけ受けていたが、それも、鞍山にある昭和製鋼所を爆撃にきたアメリカのB29の編隊の中の一機が、行きがけの駄賃のように、大連の埠頭からその近くの山県通にかけて爆弾を落とし、死者が数名出たという災害があっただけであった。それで、各家庭には防空壕も掘られ、市や区の防空演習もときどきは行われていたが、町全体の様子にはまだなんとなく平和な面影が残っていた。

大連という都会の運命が、歴史的に見て、ふしぎに平和に恵まれたものであるということを、彼はずっと後になってから知るのであるが、そのときは、そんなことを思ってもみなかった。そしてただ、戦争中におけるそのふしぎな余裕を有難いことに感じていた。

大連には、飢えの雰囲気がなかった。日本の内地にいて、文字通り喉から手が出るほど欲しかった米、肉、卵、砂糖、酒、煙草なども、まだいろいろと入手の方法があるようであったし、魚類と野菜類は、現地で沢山取れるので、親しい中国人に頼めば、ほとんどいくらでも買うことができた。衣料品も、乏しいという程ではなかった。配給を受けるための、長い行列による屈辱感もあまりなかった」

だが、さすがの大連も昭和二十年に入ると、戦時色が強くなった。

いわゆる「根こそぎ動員」はついに、中学生にまで及んだ。大連中学、大連三中、大連二中、大連一中と順に召集令状が来た。だが、実際に召集される前に終戦となった。静浦小学校の校庭には教育勅語、御真影を各学校からすべて集め、捧《ささ》げ銃《つつ》の見送りをしながら焼却処分し、その灰も大連湾に沈められた。

戦時中、瓜谷家では、五男・光生が結核で大連の病院に入院していたのを除けば、すでに男の子はすべて家を出ていた。

板垣與一に嫁いでいた長女・聿子は、太平洋戦争開戦後、夫の與一が東京商科大学助教授の身分のまま南方軍政総監部調査部付きとして南方に派遣されたのに伴い、幼な子を連れて老虎灘にたびたび疎開してきていた。子供は瑛子、慶子、浩子の三人であったが、昭和十九年五月に長男・哲史《てつふみ》が生まれていた。その年七月に母子五人で朝鮮経由で老虎灘に疎開してきていた。

臣子は昭和十六年に東京女子大に入学、一つ下の圭子は十七年に同じ東京女子大に入学、東京に行っていた。だが、臣子は二年生のときに病気になって老虎灘に戻って、そのまま療養生活を送っていた。圭子は二十年三月に帰省していた。

末の匡子は十九年三月に大連神明高等女学校を四年で修了して大学進学を目ざしたが、戦時中なので敵性語の大学英文科は生徒を募集できず、しかも東京女子大は敵性宗教のキリスト教の大学だからと受けられず、結局、日本女子大家政学科を受験して合格した。圭子、匡子は空襲の始まった東京を後にして命からがら二十年に大連へ引揚げてきた。匡子は終戦後、改めて入学、卒業している。

つまり、終戦直前には聿子とその子供たち四人、末の娘たち三人は、揃って老虎灘の長造夫妻の家に身を寄せていたことになる。家族のほか、日本人女性の看護婦兼お手伝いさんが二人いた。

その頃の瓜谷家では、一つの朝の日課が厳然と守られていた。朝食後、長造の点てたお茶を家族全員がいただく「朝のお茶」であった。

応接間の片隅に立礼点《りゅうれいだて》（椅子と卓でお茶をいれる点前）がセットされていて、その時刻になると、家族全員が邸内のどこからともなく集まってきて、羊羹とお茶がふるまわれた。終戦時、長造は六十四歳である。

「私たちももう学校へも行けなくて、一日、邸の中にいました。おそらくは祖父も会社に行ってもほとんど仕事にはならなくて、邸にいたと思います。でも、焦っているような様子もなくて、本当に悠々たるもので、何というのかしら、泰然自若という感じでしたね。お茶の習慣は、終戦後も続けられたと思います」（瑛子）

昭和二十（一九四五）年三月には東京が激しい空襲を受け、一夜で約一〇万人が死亡した。四月には、沖縄本島に米軍が上陸し、五月にはヨーロッパでドイツが連合軍に降伏する。

たとえ大本営発表は敗色を伝えなかったにしても、経済統制も戦時色一色となっていた当時、国際貿易商であった長造が正確な戦況を感じとらなかったはずはない。営々と築き上げた業界での業績も地位も、国家の有無をいわさぬ統制でほとんど無に帰していた。実業家として長造が腕を振った舞台は、今やすべての生産を中止して、ただただ戦火を待つ街であった。

最高学府を出した息子たちも軍に取られ、社員も根こそぎ動員で兵に取られた。妙に静かになった老虎灘の広い邸内で、女たちばかりになった家族を集めて茶を点てる長造の胸に去来するものは、何であったろうか。

女子供だけで裏山へ避難

「八月十五日、私はちょうど家で防空ずきんを縫っていたんです。そうしたら、今日重大な発表があるというのでラジオをつけたんですが、雑音がひどくて、何を言っているのかわかりません。負けたことすらわかりませんでした。そうしたら、すぐ店に行っていた父から電話があって、日本が負けたらしいから気を付けるようにと言ってきました。でも私たち日本人は、『負けた』が何を意味するのかが、わかりませんでした」（臣子）
「玉音放送は祖父の家の応接間で、家族みんなと聴きました。放送の十分後には（これはまだ幼かった慶子の思い違いと思われる）ソ連軍が押し寄せました。わが家にもトラック数台を横付けし、倉庫の中味を持ち出し始めました。持ち出すだけで数日かかったほど、物が多かった。とくに年頃の叔母たちのための花嫁道具、家具・衣裳をはじめ、ピアノまであった。ソ連兵は根こそぎ持って行きました。私のランドセルまで持って行きました。それを見て、ふだん我慢強い祖母も、初めて涙を流しました。玉音放送の前と後では、私たちの置かれた境遇には、天と地の開きがありました」（慶子）

昭和二十（一九四五）年八月、「神国」はガラガラと音を立てて崩壊した。敗戦によって満州に住む日本人のこうむった悲劇は、広島・長崎の原爆、沖縄戦の悲劇は別として、わが民族の受難として最大のものといえる。戦前戦時を通じ満州に移住した多くの人は、この地を終《つい》の住処として定住を覚悟して来たものであり、さらに敗戦の直前まで内地に比べて生活も治安も安定し、空襲もなかっただけに、突然訪れた敗戦を境とする落差はあまりにも大きく、まさに天国から地獄への急転落ともいうべきであった。

これに先立つ二月、ドイツ降伏後の処理を話し合った米ルーズベルト、英チャーチル、ソ連スターリンの三巨頭によるヤルタ会談が開かれた。その際、アメリカの要求に応じて、ソ連がドイツ降伏後二、三ケ月後に対日参戦することが秘密協定として取り決められた。もちろん、日本はその協定を一切知らない。

同年五月、ドイツは降伏し、日本はまったくの孤立無援になった。

七月、米トルーマン、英チャーチル、ソ連スターリンの三巨頭が今度はベルリン郊外のポツダムで会談、中国の蒋介石の同意を経て、ポツダム宣言を発した。日本政府はソ連を仲介とする和平に望みをかけていて、これを黙殺した。

八月六日、アメリカは広島に原子爆弾を投下、約二〇万人が死亡した。

八月八日、日本側が仲介者として望みを託していたソ連が、日ソ中立条約を侵犯して日本に宣戦布告し、翌九日を期して、満州、南樺太、千島に侵入してきた。確かにソ連は四月に同条約の不延長を通告してきていたが、翌二十一年四月まで条約は効力を保持していたのである。

「十日、大本営陸軍部の命令は、満蒙確保が朝鮮防衛になり、『北満、中満を空白地帯にせよ』、つまり『見捨てよ』となる。総司令部はこの命令を、満州国通信社を通じて承知する。九日〜十三日、日本軍司令部の軍人軍属家族、全満各地の軍関係家族や満鉄、日本大使館および関東局関係家族、満州国政府関係軍人、特殊会社家族合計六万人余が朝鮮へ逃亡を開始する」（井上ひさし・こまつ座『井上ひさしの大連』）

つまり、ソ連軍越境をいち早く知って、関東軍や満州国政府、満鉄関係の要人だけが敵前逃亡を始めたのである。一般市民は、何も知らされないままであった。

日本政府は八月十四日の御前会議でポツダム宣言受諾を決定、十五日に天皇自らが全国放送で終戦の詔書を読み上げた。

敗戦を外地で迎えた日本人は、軍人、民間人合わせてその数六六〇万から七〇〇万人といわれる。うち半数は軍人で、残りの半数は民間人であった。民間人が最も多かった地は、ほかならぬ満州であった。

十八日、満州国皇帝溥儀の退位式が行なわれ、「満州国」は消滅する。溥儀は日本亡命の途中、奉天でソ連軍に抑留される。

二十二日にはソ連軍軍使が大連に到着。日本の戒厳司令官らと会見する。事実上、旅順、大連はソ連軍に占領される。

二十三日、ソ連軍の戦車三台が大連に入ってくる。ソ連軍の布告第一号「日本人の生命財産は保護する。金融機関は閉鎖する。新聞ラジオ他の報道通信は停止。銃器・弾薬・刀剣の所持禁止。毎日二十一時から翌日六時までは市内の通行を禁止する」などが公布される。しかし、「日本人の財産を保護する」は軍の建前であって、兵一人一人に守る気などはなかった。

二十五日、ソ連軍が進駐。ソ連兵の略奪・暴行、一方で現地中国人の暴動、軍倉庫や会社などの破壊、物資の略奪が横行し、無政府状態となった。日本側警察は完全に無力であった。

臣子は終戦時、二十一歳であった。当時をこう回想する。

「終戦後、三、四日してからだったか一週間後だったか、はっきりしませんが、突然ソ連兵が鉄砲を持って老虎灘の家に入ってきました。その前にもう、大連の市街地にはソ連兵が入ってきていたらしいです。老虎灘は郊外ですから遅かったのでしょう。山縣通りの会社にいた父から電話があって、『ソ連兵が女子を見ると強姦するということだから、すぐに逃げろ』という指示がありました。私たちは顔色を変えて、裏の山へ逃げました。帰ってみたら、タンスは開けてあるし、もうだいぶ略奪されたあとでした」

長造の家族たちは玉音放送を聴いてはいるが、ポツダム宣言を受諾することになったものの、それが即、日本が負けたのだとは思っていない。だから、この略奪はソ連兵による泥棒だと思い、急いで交番に電話をした。すると、それでも交番の日本人警官が様子を見にやって来た。

「そして事情を聞かれているうちに、また第二陣のトラックがやって来たんです。今度はお巡りさんがソ連兵に鉄砲を突きつけられて、家の中を案内させられて、また略奪です。それを見て初めて、ああ、戦争に負けたんだということを自覚しました」

以後も毎日のように、略奪は続く。家中の金目のものがなくなるまで続く。

実はそのとき、長造は、戦犯として中国人や共産軍の捜査対象となっていた。五男の光生が結核で大連病院で療養中であったので、そこに身をひそめていたのだという。

家族も危険だというので、老虎灘には瓜谷商店の男性社員が護衛として張り付いたが、武装しているわけではない。老虎灘の瓜谷邸は丘の上にあったため、下からソ連兵がトラックでやって来ると、ゴォーという音が聞こえた。その音を聞いて家族に、

「来ましたよ！」

と報せるだけだ。

女子供だけになった瓜谷一家は着の身着のまま、毛布だけを持って裏の山に逃げ込んだ。八月とはいえ、満州の夜はもう寒い。長女・聿子も八歳の瑛子、七歳の慶子、三歳の浩子の手を引いて、一歳三ケ月の哲史を抱いて逃げた。闇の中で息をひそめる。哲史はしゃくりあげる。「シッ」と臣子たちが叱って聞きわけられる年齢ではない。聿子は、どうしていいかわからず、無我夢中で哲史の口に手を突っ込んだ。

ところが、哲史にはすでに乳歯が生えかかっていた。思わず、「イタッ」と聿子は声にならぬ声をあげた。

邸からトラックが遠ざかる音がすると、おそるおそる女たちは邸に戻った。

「トラックで何回も来ました。最後は、みごとになーんにも残っていませんでした。家具はもちろん、天井のシャンデリア、床の絨毯まではがして持って行っていました」（臣子）

加害者はソ連兵だけではなかった。ソ連軍の侵攻で関東軍が敵前逃亡したために漁父の利を得た形の中国共産軍「八路軍」（国共合作に伴い、華北にあった共産軍が国民革命軍第八路軍と改称）が、「支配者」日本人に逆襲を始めたのだ。ソ連兵に代わって八路軍、さらに八路軍をかたって略奪だけが目的の偽八路軍も横行する。

念仏を唱えた妻むめ

長造死去の際、追悼文を寄せた荒川鎮男は、その一文「老虎灘の秋」で、こう記している。
「その年のある晴れた秋の夕暮、私は一方亭（料亭）の丘つづきにある自分の家を出て、隣りの丘にある瓜谷家を訪れた。かつては豪華な家具や美術品が飾ってあった廊下や客間も、ソ連兵に掠奪されて今はガランとして惨めな有様になっていた。

客間に瓜谷氏夫妻と山形清高君が居た。山形君は静浦町に住んでいる郷軍分会長で少尉であり、瓜谷氏経営のドロマイト会社に勤務していた。私は弱虫の二国兵（第二国民兵）であり、彼は木銃をもって運動場を匍《ほ》匐《ふく》前進させられた時の分会長殿である。瓜谷氏は物静かな低声で世間話をされたが、運命の急変による深い苦悩の影が見えて痛々しかった。

突然、ドアが荒々しく開けられ、どこから入ってきたのか、二名の中国便衣隊が飛び込んできて、一人は瓜谷氏に銃を突き付け、他の一人は入口に銃をかまえて見張った。腕に八路軍と墨書した赤い腕章をまいた人相の悪い男どもであった。私は、こいつは臭いぞと直感した。咄《とっ》嗟《さ》に山形君は瓜谷氏に擬した銃の前に立ふさがり『等一等、倆要甚麼』と怒鳴ると、彼は腕章の手前『殺すのだ』と虚勢を張っていたが、結局金を出せと来た。金はないから何でも欲しい物を持って行けと瓜谷氏が言うと、部屋をながめ廻した彼等は、再び凶暴になって『四人とも外へ出ろ、皆殺しにしてやる』と言う。

丁度この時刻は中国人の自衛団の巡回の時間である事を私は知っていたし、もし無援の場合でも、スキを覗《うかが》って急襲すれば奴等をやっつける事も可能であろう。それでは外へ出てやろうと、期せずして我々は一致し、裏門から裏の丘を登った。今でも不思議に思うのは、その日は瓜谷家の召使いの姿が見えなかった事だ。

丘には人家はなく、低い松が生えていた。しばらく登ると黒い大きな岩があり、彼等はその陰へ我等四人を立たせた。私は冷笑する様な気持で見ていると、一人がやや退いて足場をきめ、立射の姿勢をとり始めた。その銃たるや歩兵銃ではなくて、訓練用の物らしいと見た。これはシャラくさい芝居だとは思うものの、もし本当に撃ち放す様なら瓜谷氏を突き飛ばしておいて、私はすぐ彼等に飛びかかってやろう。

折柄、西へ傾いて鈍い朱色になった日に向かって、老夫人は合掌して経文を唱え始められた。この緊張した一瞬、一人の奴が小声ながら鋭く『不好』とか『パオ！』とか言って丘を横切って走り出すと、銃をいじっていた奴も我々をすてて、一散に走り出した。それはここの丘を登って近付いてくる自衛団三名の帽子が、松の茂みの間に見えたからだ。

私はすかさず警笛を高らかに吹いた。隊員は駈けよって我々から話をきくと、偽八路の逃げ去った背後へ、二発ばかり威嚇射撃をした。瓜谷氏は顔を伏せたまま老夫人を擁して、静かに丘を下ってゆかれた。

敗戦国の人民は、罪なくしてこんな残酷な目に遭わねばならぬのか、戦争犠牲者の泣く声は全国を覆っている事だろうと、私は張りつめた気もゆるんで、悲しくなった」

もう一つの事件は、瓜谷商店に店員として使われていた中国人が手引きした例だ。臣子が語る。

「瓜谷の工場であれだけたくさんの中国人苦力を使っていたのに、終戦後も、経営者をつるし上げるような暴動は一つも起こりませんでした。父は中国人に対してもわりに優遇していたのだと思います。

ただ一人だけ、謀反を起こした男がいました。『奥さん旦那さん、心配ありませんよ』と言いながら、八路軍数人を連れて入ってきたんです。私たち子供や孫は裏山に逃げ出したので、あとは父母に後で聞いた話です。

その元店員が、鉄砲か刀があるはずだから出せっていうんです。『そんなものはない』と言ったら、出さなけりゃ銃殺だと言って、父と母が床の間の前に座らされた。実は、軍人だった兄の郁三が、万が一の時はこれで自害せよという意味で、私たち妹三人に関孫六《せきのまごろく》の短刀を送ってくれていたんですが、母がそのうちの一本を出してきたんです。そのとき母は、床の間に座って『これしかない。もしも疑うんだったら私を殺してからにしてくれ』と言って、南無阿弥陀仏と念仏を唱えたと聞きました。

結局、彼らは武器はどうでもよくて、あとからお金を用意するからということで解放されたらしいです。おそらくその元店員さんも八路軍に脅されて来たんだと思うんですよ。おそらく正規の八路軍じゃないと思います」

むめにすれば、これ以上略奪したいのなら、老夫婦の首しかないのだと開き直ったに違いない。この話を聞いた元従業員尾山も胸をなでおろした。

「瓜谷さんは平和主義者であられた。二階から下からベッドからみんなひっくり返して家探《やさが》しされたけれども、何も出なかった。普通あれくらいの資産家になると、何らかの武器を趣味の形で持っているものです。もし、あれば大変だったでしょう」（尾山）

こうして長造が大切にしていた骨董類や家財は根こそぎ略奪される。家族の命が助かっただけでもよしとしなければならなかった。

それにしても、戦時中に空襲や爆撃で家財を失うならあきらめもつくし、国民として納得もできるが、終戦直前に参戦して、終戦後に敵国国民から私財を略奪するソ連軍には、いかなる法的裏づけがあったのだろうか。どんなに強弁しても、これは略奪であり、犯罪である。

「戦犯」として取調べ

終戦以降、ソ連軍の占領下におかれた大連では、四十年間にわたって日本人が保持してきた様々な特権や中国人との職業格差が相次いで否定されていった。大連の日本人は、これまで享受してきた自由、贅沢、職業上の特権などが、軍隊に守られた植民地体制の枠組みのなかでだけ可能だったのだという事実を、骨の髄まで思い知らされる。

その植民地体制を支えていた企業経営者も当然槍玉にあげられるのだが、加害者側に立つのはソ連人でも中国人でもなく、同胞日本人であるケースもあった。

「まず、日本人が日本人をいじめたんですよ。というのは、当時アカって呼ばれていた共産思想を持った人たちが、経営者たちを資本家だというので人民裁判にかけたんです。父も一回呼ばれて行ったことがあります。父はそのとき、今から思えば六十代なんですが、ずいぶん消耗しておじいさんみたいになって帰ってきました。

その後は、占領軍のソ連兵には三回ほど連れて行かれて、牢屋に入れられました。そのたびに一週間か十日すると、ひどく消耗して、虱《しらみ》だらけになって帰ってきました。家に残っていた娘三人のうち私が一番上だったので、そんな父をもらい下げに行ったこともあります。でも、犯罪を犯したわけでも戦犯だったわけでもなく、一介の民間経営者ですから、罪に問うわけでもありません。要するに嫌がらせだったんです」（臣子）

「或る日広場で、かつての有資産階級とされた人々を戦争協力者として人民裁判とやらにかけ、一人一人を壇上に立たせての一方的なはげしい弾劾が行なわれたのである。父もそのうちの一人であった。数年前の大病のあと、あまり健康でなかった父には、すぐ上の姉がつきそってい った。憔悴した顔で帰ってきたのを覚えている。

その後も様々の名目で労組から割り当てられる拠出金に、銀行閉鎖で預金の引出しもできず、現金収入のない父は悩んでいた。蒐集していた骨董品、美術品類はわが家と共に放棄してきたから物納もかなわなかったはずだ。どのようにして父が労組の要求にこたえたのか知らぬままに終ったが、引揚げる時には一文無しになっていた。

また、密偵という日本人がいて、占領軍、市政府、労組を批判すると反動分子として彼らに密告され、逮捕された。密告には報奨金が支払われたから、彼らも食べるためにはどんな些細なことでも密告の材料としたのであろう。父も理由もわからぬまま、二、三度留置場に入れられた。裁判が行なわれるわけでもなく、一、二週間の後、ひげがのび、やつれ果て、その上沢山の虱と共に帰ってきた。（中略）

日本人をひどい目にあわせた密偵や労組員は、のちに引揚船の中で仕返しを受けたそうだが、彼らも自分の主義主張のためではなく、生きるための報奨金・手当ほしさの密偵や労組加盟の人が多かったのではないだろうか」（圭子の東京女子大英語科のクラス会報投稿文）

だが、このときの人民裁判やソ連軍による取調べの状況について、長造は家族にも多くを語っていない。家族に愚痴をこぼしてどうなるものでもないし、エリートであった者が長時間、拘束されて虱だらけになっている屈辱は、他人に知られたくなかったのかもしれない。

ただ、拘束されていた期間の長造の様子は以下の一文で推し量るしかない。長造死去の際、元大連市会議員の恩田明は追悼文「同囚の先輩」の中でこう記している。

「その人（長造）が財宝ありしが故に何度か投獄、満州で儲けたものは満州に返還すべきだとの中共の憲章に基づいて、ソ連のトラックで何台か運び去られた骨董も惜しいが、瓜谷さんの円熟したその道での霊感を、もう一度発揮して戴きたかった。思うに、瓜谷さんには日本が狭すぎたのではなかったか。もうやるだけやったのだからという御気持もあったのではなかったかと推量する事だけで、ひたすら御冥福を祈ることにとどめよう。

表題がおろそかになったが、瓜谷さんが沙河口の牢獄に囚われた時、私はその隣の部屋。謡で鍛えられた瓜谷さんの渋い謦咳《けいがい》に、思いがけぬ所で触れた懐しさを想い出してつけただけの題」

長造は恩田の隣房で、沈着冷静、滅びの美学を詠嘆した謡曲の一節をうなっていたのかもしれない。

幸い、長造は無罪釈放となったが、同じ会社経営者の中では、最悪の仕打ちを受けた者もいた。元瓜谷商店の支配人、石塚眞太郎の息子、石塚民幸が語る。

「私の父はお世話になった瓜谷商店を辞めてすでに独立していましたが、終戦後は人民裁判での処刑も珍しくもなく、ソ連兵の略奪もひどいものでした。ダワイ、ダワイと流刑囚人であった程度のソ連兵が略奪にくる。ソ連兵の中には訳もなくピストルを発射したり、何故鉛筆のように削らないで字が書けるのかと万年筆を知らない者もおり、止まった腕時計をいくつも着けている者もいました。今考えてもゾーっとします。私の家の横の電柱にもソ連軍の戦車がぶつかり、しばらく戦車の上に電柱が載っているような有様でした。

わが家にソ連の司令官、副司令官、中国人の新聞社社長と共同生活をさせられたこともありました。名前を覚えにくいので、司令官の渾名を馬、副司令官を鹿と呼んで、両方合わせて馬鹿だとは教えなかった。それでも最後はたった十時間の余裕で立ち退きとなりました。荷馬車に載せて引越ししましたが、中国人の荷馬車は荷物を載せたまま、ムチをあててどこかに行ってしまいました。

終戦後ハルピンとは一度だけ電話が通じて、生前の佐賀常次郎さん（長造の堺力商店大連営業所時代の同僚で親戚でもある。石塚眞太郎の最初の勤務先の社長）と連絡が取れたのが、最後となりました。その直後、税金を多く納めたということだけで日本人会長をしていた佐賀さんが銃殺になったと聞きました」

引揚げまで

昭和二十年九月十一日、ソ連軍司令官が更迭される。新任はコズロフ中将。「暴徒は銃殺する」「八路軍と称するものはすべて偽八路軍である」と公告し、ようやく大連の無政府状態がおさまった。だが、満州国政府、関東軍の高官などはソ連側に拘引される。

十一月八日、中国共産党による新市政府が樹立する。

十二月、ソ連軍は農村地帯から大連に避難してきた流入日本人二万名を国民学校に収容し、食糧を支給した。満鉄はソ連軍に接収され、中ソ合弁の中国長春鉄路公司の管理となる。

日本人の本国引揚げについては、二十年十一月に厚生省に引揚げ援護局が誕生し、翌年三月にＧＨＱの指令が「引揚げに関する基本指令」に一本化されて日本政府に指示された。だが、引揚げるには一〇〇万人以上の彼らを運ぶ船腹が不足していた。したがって敗戦を外地で迎えた日本人は、ひとまず現地にそのまま腰を落ち着け、引揚げが具体化するまで生活を確保する必要があった。

満州（中国東北地方）の各都市は、敗戦直後にはソ連軍が進駐し、その後は国共内戦で国民政府と中国共産党がめまぐるしく交替するという地であった。日本人居留民会は武力はなかったが、何とか略奪から身を守り、衣食住を確保しようと各地で続々と発足していた。発足はしたものの、指導部が戦犯容疑でソ連軍に逮捕され、新メンバーに代わるといった会も少なくなかった。

大連では、開拓農民よりは労働者が多かったので「日本人労働組合」が結成され、居留民会の機能を代替していた。日本人労働組合は単なる労働者組織というより、社会的地位と生活水準の低下、物価騰貴、食糧難、さらに失業者・難民の増加という悪条件のもとで、ソ連軍の方針の枠内で在留日本人の最低限の生活と生存を確保するための社会組織であった。とはいえ、その日の食べるものさえなく、収入の道のない日本人にとって、選択できた活動方針は富める者から貧しい者へ富を移動する「平準化」しかなかった。

「緊急食糧獲得運動は、八・一五以後大連市内に増大しつつあった無産者・貧困層の救済を目的とした日本人資産家からの拠出金による食糧調達キャンペーンであった。こうした措置は、難民を含めた大連在留日本人全体の生存を確保するというマクロ的課題からみると当然の政策であったが、個々の日本人実業家にとっては、長年にわたり形成した私有財産の多くを半ば強制的に拠出させせられるものとして映った。ここに、本国引揚後に、旧大連在留日本人資産家の間に、大連日本人労働組合に対する反発・悪評が生じる理由の一つが存在した。しかし、最終的にはこの緊急食糧獲得運動は成功をおさめ、難民の餓死はこれ以後激減することになった。他の政策と比較すると、緊急食糧獲得運動は、旧大連財界人を含めて、大連在留日本人に受容された『平準化』政策であった。

『平準化』政策は、旧支配民族で敗戦国民に転落した日本人と新支配民族となった中国人の間でも実施された。『住宅調整』政策がその一例である。（中略）住宅調整運動は、この不公平な民族間の居住格差を緩和・是正する目的で提案され開始された。中日民族の区別なく『一人あて二畳の広さ』を持てることをスローガンとするこの運動は、難民や生活困窮者の救援活動を支えながら私財の投げ売りで日々を生活していた日本人市民に、長年住みなれた住宅からの立ち退きや日本人別世帯との同居生活を強いる結果となった。中国人の職工総会、中ソ友好協会、青年・婦人団体の代表からなる五十名の住宅調整工作隊員は、日本人住居地区に入り、『本当の民族融和』のための日本人の協力を求める説得活動を展開した。だが、『支那人のために家を空ける』という在留日本人にとって屈辱的な意識は、移転後の生活不安ともあいまって、工作隊員や日本人労働組合に対する反発を生んだ」（柳沢遊『日本人の植民地経験』）

瓜谷家もアパートを転々とする売り食い生活が続く。聿子はその随筆集『四季折々に』に当時の生活をこう記している。

「終戦となり、私の生活境遇も一変し、想像もつかないような事柄が次から次へ起こった。ガチャンと窓硝子を破る音、ロシア兵の侵入。女はとにかく縁の下、屋根の上、山の奥へと逃げ廻り、戦々恐々と生きた心地もなく過ごした日は、何日続いたことか。

やっと落ち着いた生活も、毎日高粱《コウリャン》、粟のお粥をすすりながら露命をつなぎ、内地に行ったら白い御飯を食べさせて上げるからと、子供に言いきかせた。毎日毎日、子供を背に広場まで着物や家財を売りに行かねばならない惨めな自分の姿、何とかして一日一日を生き抜かねばならない苦しい生活の時、栄養失調の身体に百日咳と肺炎併発のため、三女浩子を喪った（二十一年一月）時の悲しみ、言葉ではいい尽くせない生と死の間を彷徨する苦しい日が続いた。主人が留守の間の五年間、殊に終戦から引揚げまでの一年八ケ月は、実に十年の月日のように思われた」

一家は老虎灘の邸を接収され、山縣通りの社屋に移った。そこには奥地から逃げてきた関東軍の兵隊が三人ほど居候していたという。長造が召集されていた元社員をかくまっていたのかもしれない。

だが、やがてそこも接収され、聿子一家と看護婦兼お手伝いさんはアパートに移り、長造夫妻と娘三人は別のアパートに移る。夫妻と娘三人はその後もアパートを転々とする。その間の様子を圭子は前記クラス会報でこう書いている。

「やがてソ連の憲兵のとりしまりもあって市内は少し落ちついてきた。郊外の方が危険だし家族も逃げまわる生活につかれ果てていたので、ついに家を放棄することになり、家族が分かれて市内に移り住んだ。母、姉、妹と私の四人は繁華街のど真中に建つ六階建てのアパートの最上階に移った。六畳一間にトイレと台所で、ゴキブリの横行する汚ない部屋だった。給水時間に四階まで水を汲みに往復する以外、外出はまだできなかった。せまい所に押しこめられてすることもない娘三人は、よく俳句を作って遊んだ。季語さえ入れればよいと思っていたから、お互いの迷句に笑いころげた。久しぶりの遊びであり、笑いであった。その時の私の一句は、『着ぶくれの子の頬赤し鬼ごっこ』というのである。（中略）

更に治安が回復したその年の冬、私達は父の事務所の二階に移った。姉一家も加えた大世帯だったが、ともかく無事に二十一年の正月を迎えた。百日咳にかかっていた姉の三女が肺炎を併発して五歳の命を終えた。まもなく事務所もソ連軍に接収されることになり、姉一家は社宅のアパートへ、私達は二棟つづきの小さな平家に移った。そこで中国人の強盗に二度もおそわれるという怖い目に遭い、四階建てのアパートの三階に引越した。西日が真正面からあたる暑い部屋であった。

六月に永い療養生活の末、兄（光生）が亡くなり、知人の引く大八車にのせられて火葬場に向う兄の柩を見送った。

二十一年の春頃にはソ連将校達の家族もふえて街は落着き、昼間は一人歩きもできるようになっていた。その代わり日本人の家は次々に接収され、また中国人にも家を明け渡すことになり、日本人は一軒に一家族というわけにいかなくなり、私達は二階に住むアパートの持ち主と同居することになった。一年余で五度目の移転となった」

圭子は身分はまだ学生であったが、知人の店に売り子としてやとってもらい、生活費をかせいだ。四女の匡子は小さくなった赤いドレスを売り、それを六ケ月間の月謝にあて、英語を習った。彼女はそこで未来の夫を見つける。

元従業員の清水福夫は、終戦後、長造に、

「終戦前に、いつ終戦になるかをご存知でしたか」

と聞いたことがある。長造は、「二週間前だ」と答えたという。どこから情報が入ったのかはわからないが、正確な情報であったことは確かである。七月に発せられたポツダム宣言を知った関東軍幹部はすでに八月中旬の終戦を予測し、親密だった長造に洩らしたのかもしれない。とはいえ、ソ連軍の参戦までは読めていなかった。

そこで重ねて聞いた。

「それで、(内地へ) 送金されました?」

長造は「七〇〇万円送金した」と答えたというが、その額については異論がある。長男・敏郎は、戦後、長造にいくら送ったのかを聞いたことがある。そのときは「かき集めて七〇万円送った」と答えたらしい。臣子の記憶では「一〇万円」である。

だが、この送金は所詮無駄であった。終戦のドサクサで、霞のように消えたのである。長造は敏郎に横浜正金銀行から送金したと言ったが、

「憲兵が正金銀行の送金を差し押さえ、結局、国庫に入ってしまったんではないですか」

と生前の敏郎は語っていた。

第七章　輪　廻

甲板上で「これで助かったな」

昭和二十一（一九四六）年十二月から、在満一〇〇万人以上と称された日本人の祖国日本への引揚げが始まった。国民党が進駐した地域が一番早く、葫蘆《ころ》島に結集した日本人が最初だったが、以降、年を追って本格化した。国共内戦の中で混乱したが、その後も継続された。

大連の日本人は、第一期引揚げ（二十一年十二月〜二十二年三月、二二万六〇〇〇人）、第二期引揚げ（二十四年七月、五〇〇〇人）、第三期引揚げ（二十四年九、十月、三〇〇〇人）の三回に分かれて帰国した。

瓜谷家では、まず二十二（一九四七）年三月に長女・聿子とその子供たち三人が引揚げ、東京・文京区西片町にあった板垣家に落ち着く。

次いで、同じ三月だったが、一足遅れて長造・むめ夫妻と臣子、圭子、匡子の五人が引揚げた。

「いよいよ私達も引揚げと決まったのは、もう三月も終わりに近い頃だった。人気の少なくなったアパートに別れにきてくれたのは、永い間わが家のまかないをやってくれていた中国人のボーイさんであった。みんなが大好きだった彼の手作りの水餃子が、私達の大連での最後の夕食となった」

と圭子はクラス会報に書いている。

引揚げ時には、まず港にある収容所に数日足留めを食う。そこで各種検査や検疫があるのだ。それだけでなく、労働や使役もさせられた。

満州からの引揚者が持ち出すことができたのは、現金一人当たり一〇〇〇円、衣服は夏冬各二着、食糧一週間分。これだけだった。当時の日本に外交力があれば、政府間の交渉によってもう少しは持ち出せたかもしれないが、敗戦国日本に外交能力はほとんどなかった。

絵葉書や地図類の持ち出しも固く禁じられていたから、当時の満州や大連、旅順の絵葉書や地図はその数が極端に少ない。

「収容所に入るときには、ソ連兵の検査がありました。着ているものを脱がされて、めぼしいものはみーんな取られました。しかも使役のときには、その日本人から略奪した洋服とか着物の整理をさせられたんです。食事は高粱飯にニシンか何かの塩漬けのおかずを樽で運んできたものでした。まだ三月だから寒かったのに、布団もないし、着ているものだけでした。やっと引揚船に乗って、ボォーッと汽笛が鳴ったときには、ああ、これで日本に帰れるんだと、本当にほっとしました。

この船倉に大豆を積んで運んだんじゃないかなと思いながら、私たちは脚も伸ばせないほどのぎゅうぎゅう詰めで、甲板に上がるまでハシゴ、ハシゴで本当に恐かったです。どうやってお手洗いに行ったのかも記憶にないけど、老いた父や母は大変だったと思います。荷物はリュックサックと、人によっては着物を五枚も六枚も重ね着していました。でも人間って、そういうことに耐えられるようにできているんですね。私も引越しのたびに、所帯道具を片づけるのに苦労していると、あのとき父や母はリュック一つの荷物で帰ってきたんだなあと、今になって感心します」（臣子）

「引揚船に乗りこみ、甲板に出て、生まれ育ち、様々な思い出のある大連もこれで見おさめだし、再び訪れることもあるまいと思いながらまわりの景色をながめた。しかし名残り惜しいというような感傷はまるでなかった。船が港外に出た時、父が『これで助かったな』とポツリと言った。実感がこもっていて、何か、ズシリと私の胸にひびいた。常に生命の危険を感じながら、家族を守り、社会的責任をも負わされた父は、精神的にも肉体的にも極限状態だったのではないだろうか。四十年に及ぶ努力の結果も水泡と帰した両親の無念さも察するに余りあるものだった」（圭子。クラス会報より）

こうして長造一家は、長男・敏郎が家族とともに住んでいた東京・中野区江古田の家に落ち着く。その後、敏郎一家とともに中央区日本橋蛎殻《かきがら》町に転居する。

敢えて過去の栄光を語らず

引揚げ時の長造は六十五歳である。日本中には瓜谷商店と取引のあった実業家が大勢いるはずであった。だが、引揚げ後の長造について、残念ながらビジネスの面で、特筆すべきことはほとんど何もない。

敏郎（侑広）は著書の中で、引揚げ後の長造についてこう書いている。敏郎は、戦後、紙問屋を興して成功していた。

「父は仲々趣味の広い人だった。お茶、謡曲、書画骨とうの鑑賞、蒐集等がその主なものだった。終戦後、暇ができてからこういう趣味のあることが、父の非常な心の潤いになり生甲斐になったと思う。この方面の趣味の全くない私は、そうした父の趣味の豊かさがうらやましかった。大連時代、書画や骨とうの蒐集は相当のものだったが、引揚げ後も、僅かに持ち帰ったものを時々出してみたり飾ってみたりするのが大変楽しみのようだった。時には自分の小遣いから買うことさえあった。然しこちらにその趣味と素養がないので、父のそうした趣味を理解してあげることができなかったのは申し訳なかった」（瓜谷侑広『無私の愛よ永遠に』）

「満州時代の華やかだった実業家の生活から一転して、財産と社会的地位を失った父は誠に気の毒であり、何とか生きているうちに私共夫婦が昔程ではなくとも、今少し成功らしいものをかち得て父に見せて上げたいという気持で一杯だった。それができなかったのが心残りだが、一応の安心はしてくれていたので、それがせめてもの慰めである。父の満州における実業家としての活躍や事業の大きさは勿論知らないわけではないが、一緒にいたのは中学時代迄で、それ以後は学校や軍隊生活で離れていたので実業家らしい父の活躍振りを私は余り覚えていない。満州の特産物は相場の変動が激しく、この業界で成功することは至難とされていたのだが、父は幸運にもこのむつかしい業界で成功を収めた。これが果して父の所謂商売的手腕によるものか、支配人の偉さによるものか私はよく分らない。兎に角、終戦後全く商売の意欲を失って十五年を経過して来た父には、往年の闘志は見られなかった。私にはそれが多少不満でもあった」（瓜谷侑広『れいめい』）

次女・臣子は帰国後の長造について、こう語っている。

「それでなくても暮らしが大変な時代に、大人が五人も引揚げてきたんですから、兄嫁も大変だったと思いますよ。兄にも子供ができていましたし。おかゆを炊いて一人分を秤《はかり》で量って食べたり、そういう時代が何年かありました。

引揚げてきてから父は本当に消耗して、もう何の気力もなく、長男に頼っていました。もう少し父親が何かしてくれたらという希望は兄にあったと思いますが。何もしないで、ただご隠居さんみたいでした。兄嫁の実家の義父が『何もしないのも退屈でしょう』といってくれて、新宿区牛込納戸町にタバコ屋の権利がついた家を買って下さって、そこで父はしばらくタバコを売っていました。内心は恥ずかしいところもあったでしょうけど。でも日銭が入るし、退屈しのぎみたいにタバコ屋の店に座っていました。

その頃、父は自分の人生について何かを語ることもありませんでした。あまりものを言わない人でしたし、母も愚痴を言わなかった。こんな目にあってどうのこうのなんても言わなかったし。その後、満州へも行っていません。まだ行ける時代でもなかったですしね」（臣子）

その後、長造夫妻は再び日本橋蛎殻町の敏郎宅に戻った。

柳沢遊『日本人の植民地経験』でも、帰国後の日本人に触れている部分があり、長造についての記述もある。

「高齢に達していた第一世代のなかには、帰国後、事業の第一線から退いて『隠居』生活に入った者も存在した。ただしそれが可能となったのは、住宅・田畑や家業など、隠居を可能にする条件の存在する引揚者に限られていたことは言うまでもない。たとえば、一九一〇年代に特産物貿易・銭鈔・株式売買で華々しい活躍を示した野津孝次郎（一八七四年生、星ケ浦土地建物代表）は、引揚後とくに事業を再開せず、郷里島根県松江市で余生を送ったといわれる。また、小島鉦太郎（一八六九年生、大連企業倉庫主）も、千葉県市川市で老後生活を送りながら引揚者の相談相手を続けていた。一方、大連の一流特産物商店主として有名な瓜谷長造（一八八一年生、大連商工会議所会頭経験）は、四七年三月に東京に引揚げ、令息の経営する共栄紙店（数寄屋橋日動ビル）の事業監督を兼ねて、自宅（江古田町）近くの直営印刷工場の監督を行なった。瓜谷の場合は完全な引退とはいいがたいが、令息の経営の補佐・監督業務が中心であり、第一線からは退いたとみることができよう」

果たして「失意の晩年」であったのか

孫たちも、その頃の長造の生活をこう振り返る。

「帰国後は、まったく何もしなかったですね。もうあらゆる生産的なことをやめていました。毎朝、必ずお茶を点てて、祖母と飲んでいました。とっても静かな穏やかな暮らしをしていました」（瑛子）

「私たちの住んでいた練馬区の家と祖父たちの住んでいた中野区江古田の家は近かったので、祖父はよく散歩の途中で立ち寄ってくれました。母はとても嬉しそうに迎えておりました。祖父が亡くなる年、祖父母とともに軽井沢でひと夏一緒に過ごし、祖母にお茶を点てていただきながら祖父とお茶を楽しんだのが、今は懐かしい思い出になりました」（慶子）

趣味だけに生きがいを見出して事業的野心をまったく喪失していたのは確かだが、そこには事業の責任者としての圧迫から解放された安堵感と、やるだけやったのだという達成感、そして子供たちの活躍を見守る喜びがあったのではないだろうか。

今でこそ「老人」と呼ぶのがはばかられる年齢であるが、終戦直後の感覚でいえば、すでにして引退年齢である。しかも、営々と築き上げた人脈も信用も財産も、すべて烏有に帰してしまった。日本は故国とはいえ、事業をしてきた地ではない。

六十五歳の男に、まったくゼロの地点から、再び立ち上がれというほうが酷であろう。

元従業員の清水福夫はある日、日本橋蛎殻町の自宅に訪ねたことがあった。

「瓜谷さんは、二階のお座敷でいみじくも『銀の相場、ドルの相場では相当苦労したけど、今こうして二人で話ができるというのは、本当に心安らかで、こんな気持ちはあの頃はなかった』と述懐なさっていました」

結局、長造は大連時代のような華々しい仕事をしないまま、昭和三十五（一九六〇）年九月六日、七十八歳の生涯を閉じる。

その日の前日、たまたま臣子が長造夫妻の家に泊まっていた。朝食後、臣子が帰り支度を始めたとき、むめが「お父さんがおかしいから見て」という。長造は、胸が痛い、苦しいと呻《うめ》いていた。臣子はすぐに近所の医師に往診に来てもらった。

だが、長造は日本橋蛎殻町の自宅の二階の居間で、妻と娘、医師の見守る中で事切れた。最後の言葉は、

「南無阿弥陀仏……」

であった。長造はもともと高血圧の気味があったが、死因は心筋梗塞だと思われる。戒名は「瑞超院釋浄邦」である。

かつては三井・三菱と伍し、軍部や満鉄とも対等につきあい、大連商工会議所の会頭にまで上り詰め、当時の金で資産二億円の企業にまで育てた実業家であった長造。表に見える姿だけを見れば、確かに失意、落魄の老人に見えたであろう。

だが、学歴なし、金なし、コネなし、権力のバックもなしに、徒手空拳で現地中国人を相手に大豆を集荷するところから始めたにしては、その上り詰めた頂上は、十分満足できる高さであったのではないか。こうむった悲運への慨嘆よりは、達成した満足感のほうが大きかったはずだ。

遺言「南無阿弥陀仏……」には、ふりかかった悲運を恨むよりは、俺という男によくぞここまでやらせてくれたという、仏への感謝の念がこめられていたような気がする。

妻むめもその後三年で亡くなっている。白内障の手術のために入院し（現在は日帰りであるが）、一週間後、今日眼帯がとれるという日に亡くなった。脳梗塞であった。

むめ夫人について、長女・聿子の長男・哲史は、こんな思い出を語ってくれた。

「長造じいちゃんが亡くなって二年ほどたった頃なのですが、私は十八歳になっていました。夏休みのたびに一家で軽井沢の別荘に行くのが慣わしで、じいちゃんが亡くなってからもその慣わしは続いていました。ばあちゃんが別荘の居間で洗濯物をたたんでいる横で、私は『車が欲しいなあ』と駄々をこねていました。父は国立大の教授とはいえ、公務員ですからそんな余裕などあるわけがないと知ってのことでした。すると、ばあちゃんはニコニコしながら『哲史ちゃん、欲しい欲しいと毎日念じていなさい。そうすれば、必ず手に入りますよ』と言うんですね。そうして翌年にはばあちゃんは亡くなってしまったんですが、私が大学に入った春、父の教え子で自動車メーカーに勤めていた方の世話で、社販価格、しかも長期月賦にしてくれて車を手に入れられたのです。その後、社会人になってからは車が趣味でもあった私は、一生に一度でいいからドイツの高級車に乗ってみたいなあと夢みていました。でも一介のサラリーマンで、そんな車が手に入るわけがありません。ところが、四十歳を過ぎてようやく外資系金融機関の在日代表になった際、友人のツテで中古のドイツ車を思いがけない安い値段で手に入れられたのです。意気揚々とこの車に乗り込んだ瞬間、私は二十年前のむめばあちゃんの言葉を思い出したのです。ああ、毎日念じていれば、夢は叶うものなんだと知ったのです」

そして哲史は、いつも長造の背中に隠れるように生きてきたむめ夫人が、本当は長造のアクセルであり、エンジンであったのではなかったかと思い当たるのである。

「毎日念じていれば、必ず夢は叶う」

むめは、決して表に立つようなことはなかったが、異郷の満州に徒手空拳で渡り、孤軍奮闘する長造を、こういって常に激励し、時には鼓舞していたのではなかったか――哲史は、この時からこう思うようになった。

現在の大連と瓜谷邸

現在の大連は、中国遼寧省の港湾都市である。日本をはじめ多くの外国企業も進出する経済先進地域であり、その繁栄振りから「北方の香港」とも呼ばれている。

人口は六〇〇万人。中国国内では重慶三〇〇〇万人、上海一六〇〇万人、北京一四〇〇万人などには遠く及ばないが、日本の大都市と比べると、東京都区部約八三〇万人には敵わないが、横浜、大阪市、名古屋などよりは圧倒的に多い。

近代的高層ビルも多いが、一方で帝政ロシア、日本の租借地であった時代が長いために、旧ロシア人街、旧日本人街など、百年の歴史が刻まれた建物も多い。

昭和五十九（一九八四）年には大連市の市街から北方二〇キロに位置する開発区に工業団地「大連経済技術開発区」が設立され、人口二二万人の新興地域となっている。大連市がここで目ざす目標は「北東アジアの国際航運センター」「石油化学、設備製造、電子情報・ソフトウエア、造船の四つの基地」。進出企業は二〇〇〇社に上り、中でも日系企業が最も多く、五八〇社、駐在日本人は二〇〇〇人もいる。日本からの進出企業の多くは、かつての瓜谷商店が営んでいた対日輸出加工型企業である。東芝、キヤノン、三菱電機など大手メーカーの大規模工場もある。かつて植民地であった地に、今は日中双方が利益をあげられるような形で、続々と資本が投下され、街は活気にみなぎっている。

航空機も、日本から直行便が成田、関西、中部などから飛んでいる。成田から大連周水子国際空港までわずか二時間半ほどである。機内には、かつて大連航路で渡満した長造のように希望に燃えて赴任したり出張に行く、アタッシェケースを提げた若いビジネスマンが多い。

瓜谷商店のあった山縣通りは、市の中心にある大広場（現・中山《ちゅうざん》広場）から東に伸びる道路だが、今は「人民路」と呼び名が変わっている。大広場からおよそ六〇〇メートルに瓜谷商店があったが、現在は市内でも一、二を競うホテルの「フラマホテル大連」の二棟のビルに変わっている（写真参照）。周囲の空き地も高い塀で囲まれ、ダンプが頻繁に出入りして、高層ビル建設の槌音が高い。

一方、市街地から東南方向に五キロほど離れた海岸が老虎灘だが、現在は一大海浜リゾートになっている。洋上にはクルーザーが停泊し、広大な駐車場には、ほかの都市からの家族連れや団体旅行の旅客を乗せた観光バスが連なって止まっている。

丘の上に建っていたかつての瓜谷邸は、外装や内壁だけは改装されているが、内部の作りはほぼそのまま残っている（写真参照）。階段、暖炉、ドアや窓もそのままだ。現在は一部がホテルとなっているが、建物全部は銀行管理となり、売りに出されている。近々買う予定だという地元の不動産業者によれば、戦後、カンボジア国王のシアヌーク殿下や、かつての八路軍司令官で一九四九年以降の中国政府副主席、朱徳氏の別荘となっていた時期もあったそうである。

しかし、邸内の庭から一望できた老虎灘湾は、目の前に高層の「リージェントホテル」（戦前の一方亭）が建っているものの、中にある島々は以前のままの姿を残している。

瓜谷長造やその筆頭支配人だった石塚眞太郎が出入りしていた大連取引所は、一九二三年に竣工されたままの建物が第二埠頭近くの東広場に面して残っている。

また、仕事の上で深い関係にあったと思われる大連市役所（現・中国工商銀行）、横浜正金銀行（現・中国銀行）、大連民政署（現・遼寧省対外貿易公司）、満鉄本社（現・瀋陽鉄路局大

旧山縣通りの旧瓜谷商店跡地には「フラマホテル大連」の２棟のビルが建っている（平成19年５月撮影）。

老虎灘の旧瓜谷邸（平成19年５月撮影）。

連鉄路分局）、大連ヤマトホテル（現・大連賓館）、東清鉄道汽船会社（現・美術館）などの建物も現存している。

清岡卓行が「かつての日本の植民地の中でおそらく最も美しい都会であったにちがいない」と書いた大連は、歴史的建物と近代的な高層ビルが並存し、北京や上海とはひとあじ違った美しい都会として生まれ変わっている。

脈々と生きている遺伝子

前述のように、長造の死後、雑誌「大陸」は追悼特集を組んでいる。その中で、長男・敏郎はこう記している。

「私は元来、商人的素質のない男だが、終戦後、たまたま東京に居たため、引揚後の家族の生活という様なことを考えて、無謀にも独力で商売を始めるということになった。その間、今日まで非常な苦労を続けて来た。然し途中で何度もこの商売を放棄しようと思ったことさえあったが、父が大連であれだけの仕事をしたということは常に私の心の支えとなって、頑張り通して来た。父の大連に於ける事業の隆盛と成功が、実際に商売上の無形の信用になり、また、無意識の中に自分も親爺位にはなれるかも知れぬという気持がたえず働いて、今日まで頑張り通すことができたのだと思う。その点は、父に心から感謝し、有難いと思っている」

いみじくも敏郎がここで書いているように、長造自身は引揚げ後、ビジネス面ではさしたる実績をあげたわけではなかったが、その子孫たちは、長造の遺伝子を受け継いで、実業界、あるいは教育界で戦後日本の復興に大きく貢献した。

一橋大学名誉教授板垣與一（平成十五年没）に嫁いだ長女・聿子（平成九年没）は、教授夫人として恵まれた一生を送った。板垣家の長女・瑛子は菊川歆《のぼる》に嫁ぎ、次女・慶子は板垣與一氏の教え子・早瀬勇（現・金沢星稜大学学長）に嫁ぎ、長男・哲史は、国際金融コンサルタントとして活躍中である。

ところで、長造が板垣與一に贈った軽井沢の別荘も、終戦後、数奇な運命をたどる。マッカーサーの次にGHQ司令官となったリッジウェイ大将が、板垣家の別荘の隣の別荘を買った。そこを守る兵隊たちが寄宿するために、板垣家の別荘を接収し、家賃を払ってくれた。それが幸いして、売らずに維持できた。そして昭和二十七（一九五二）年に対日平和条約が発効して軽井沢も接収解除になり、板垣家に戻ってきた。板垣家では長造夫妻を招いて、老後の夏をそこで過ごさせたこともあったという。

敏郎（侑広）は妻・光枝の助けを借りながら、戦後、加工紙の卸し業を始めた。その後、中野区江古田から日本橋蛎殻町に移り、洋紙の卸会社「共栄商会」を設立し、後に「株式会社西応」と改名し、手広く経営に乗り出した。昭和四十三年に倒産するが、それにめげずに、かねてからの夢であった精神世界関係の出版社「たま出版」を興す。平成九年に亡くなった後、この会社は韮沢潤一郎氏が引き継ぎ、次男・綱延は新たに出版社を興し、現在は出版業と不動産業で年商百億円を超える成功を収め、企業家として長造を目指し頑張っている。

「私は昭和四十一年生まれなので、祖父長造とは面識がありませんでしたが、両親や親戚からはその生き方をずいぶん教えてもらいました。私が物心ついた頃は父も事業に失敗した後で、長造が遺した物的遺産はことごとくなくなった後だったのですが、ただ、『人は成功を疑わなければ絶対に成功する』という信念を持てたことは、祖父の遺伝子だと思って深く感謝しています。相続した財産なんて、子孫にとって『それを分配する能力』を伴わない財産ですから、マイナスになりこそすれ決してプラスにはなりません。財産ではなく、その生き方で子孫の励みになってくれたことにこそ、感謝しています。私も、子孫が誇りに思ってくれるような先祖になりたいものです」（綱延）

侑広の長男・長敏は信越化学に入り、渡米し、現地法人の社長を務めてから、オハイオ州で自動車部品会社「Green Tokai」の社長となって活躍している。同社は所在するブルックビル市では最大企業となっている。

長女・惇子（曜《よう》子）は東芝の技術者であった藤井研一に嫁ぎ、次女・敏子は現在帝人の役員となっている山岸隆に嫁いでいる。

長造の次男・長雄は終戦後、ソ連に抑留された。二年ほど後に帰国し、本来の勤め先である日本興業銀行に復帰した。その後、日本鍛工株式会社に取締役総務部長として迎えられ、監査役を経て退任した（平成七年没）。

長雄の長男・龍太郎は神戸市で雑貨類の卸に従事し、次男・健次郎はアメリカに渡り、公認会計士として活躍している。

三男・郁三は終戦後、母校の東京大学農学部農芸化学科の農産製造学講座に籍を置き、藪田貞治郎教授、住木愉介教授の指導の下に、かつて陸軍糧秣本廠研究部で行なっていたサツマイモの腐敗防止とその抵抗性について研究を進めた。その後、名古屋大学農学部に赴き、農芸化学科生物化学講座助教授、次いで教授として、植物生化学、特に植物の病菌抵抗性の生化学について研究を進めた。その成果は国の内外で評価され、それぞれで発表、講演する機会を得た。現在は名古屋大学名誉教授、日本植物生理学会名誉会員、アメリカ植物生物学会客員会員、アメリカ植物病理学会フェローとなっている。

「小生が学会賞を、また農学博士号を授与されたり、また毎年、アメリカの学会に招待講演のために出張したりするのを知って、父は、ようやく息子の一人が学者として一人前に成長した

と思ったらしい。生前、学問に憧れていた父を安心させられたことが、小生の喜びである」（郁三）

郁三の長男・眞裕、次男・章はそれぞれ静岡大学理学部化学科、名古屋大学工学部原子核工学科の教授をしている。

次女・臣子、三女・圭子、四女・匡子はそれぞれ戦後に良き伴侶を得て結婚し、恵まれた生活を送っている。圭子は一橋大学教授・小島清（現・一橋大学名誉教授）に嫁いだ。臣子の長男・健康は東京で旅行代理店を経営している。匡子の長男・一は三菱商事に勤務、次男・博は横浜銀行で査察業務に従事している。

瓜谷英一は、子宝に恵まれず長造を瓜谷家の養子に迎えたが、その後、タキとの間に女ばかり五人が生まれた。長女・長谷川寿賀子、次女・宮本正子、三女・長谷川芳江、四女・泉妙子、五女・堺智惠子（存命）である。このうち長女の一家と三女の一家は、大連に渡り、瓜谷商店を助けた。神戸の築島寺の瓜谷家の墓守のため、三女は後に瓜谷姓に改名している。現在、その長男・瓜谷芳造は大連に住んでいる。

荒木家の先祖の墓は富山県射水市にあり、平成の初めの修復に当たっては故瓜谷侑広（敏郎）が参画し、費用をほとんど負担した。

瓜谷長造の墓は、東京・多摩墓地にあり、家督を継いだ瓜谷綱延が再建を計画中である。

瓜谷商店の元従業員たちも、さすがに全員が高齢にさしかかっている。しかし、大連でのサラリーマン生活は、青春を捧げた貴重な思い出だと口を揃えている。

最後に、取材に協力してくれた元従業員の方の返信を二通紹介して、瓜谷長造の霊に捧げたいと思う。まずは昭和十五年から終戦まで勤務していて、現在富山県射水市に在住の尾山政利の返信である。

「縁は不思議。荒木家の菩提寺もお墓も同じ寺で、お墓などは一基とんで前後にあります。富山出身の大塚、高沢、宮林、渡辺、原田、紅谷、久保寺はみな故人となり、私一人ですので、周りに聞くことのできる人は居りません。私も齢ばかり加わり八十五歳。今のところ、以上がやっとのご報告です」

次は、西宮市在住の千葉茂雄の返信（平成九年に長男・敏郎に宛てたもの）である。千葉は長造の妻むめの甥に当たる。父・修一は瓜谷商店に関係を持ち、終戦近くまで活躍していた。

「古き良き時代といいますが、時は静かに過ぎて行き、親しかった友人や親戚の方々も次々と何時の間にか亡くなられ、実に寂しい想いでいっぱいです。鏡に写すと、体中欠陥だらけの我が姿に愛想をつかします。人間の形をした抜け殻の様な自分ですが、ふと昔の影を求めてアルバムを開くと、あの頃、特に御世話になった瓜谷家の皆様が現れ、当時のことを偲《しの》び、そして何度見ても見飽きない幼き頃の懐かしい想い出に耽《ふけ》っています。

その後、幾多の変遷がありましたが、結局は敗戦の憂き目に遭い、王道楽土と謳われた満州も失い、昔の大連は夢の又夢となって消え去ってしまいました。実に残念で堪《たま》りません。

でも『わが故郷満州』、そして『大連の瓜谷さん』は頭の奥深くはっきりと、残っています。夏休み、冬休みの度にお邪魔した老虎灘山頂に建てられた素晴らしい建物や豪華な調度品の数々。山頂から見下ろした眩《まばゆ》いばかりの金色の海と、それを取り巻く雄大な山々。海の涯《はて》からおもちゃの様な汽船が煙を吐きながら出て来たと思ったら、そっと次第に又消えて行く光景に、只じっと見惚《みと》れていた自分。最高に幸せな自分の、最高に美しい夢として、何時いつまでも心の奥深く持ち続けていきたいと思っています。老虎灘よ、ありがとう！　謝謝！　再見！」

刊行によせて

父、瓜谷長造は、明治十四年十二月五日、荒木家の末子として現在の富山県射水市で出生した。大日本帝国憲法が発布される八年前のことである。

維新から十四年、まだ日本が近代国家として欧米列強諸国に対していかなる国家戦略をとるべきか、暗中模索していた時代である。自由民権運動が盛んとなり、急進派の大隈重信と保守派の伊藤博文との対立が深まり、大隈重信は政界を追われることになるが、民権運動の流れに逆らえず、天皇の命により伊藤博文は、「国会開設の詔勅」を発し、明治二十三年に議会を開設することを国民に約束した。その結果、明治政府から追放されていた板垣退助は自由党を、大隈重信は立憲改進党を結成し、ようやく近代国家の呈を築き上げたころに長造は幼少期を過ごした。

政治体制の近代化とともに明治政府が力を入れたのが富国強兵の国家である。地租を改正し国家財政の基礎を築くと同時に、土地改良、品種改良を国是として人口増に伴う食糧の自給体制を整えるために、北海道の開発が進められたが、それもやがて限界に達するかの様を呈していた。

長造が出生した時は既に六人の姉がおり、しかも長女は養子を迎え結婚していた。従って、家系を継ぐという立場にはなかった。長造は尋常小学校を卒業後、直ちに丁稚小僧として県外で働くことを決意し、まず当時新開地であった北海道に渡った。しかしそこで生産される農産物を本土に送るだけでは、近代国家日本の食糧事情を満たすには充分でないと確信するに至った。その時頭に浮かんだのは満州である。

かくして、明治四十二年春、長造二十七歳の時に妻むめと二人して満州の南端にある大連に渡ることとなった。

そこで堺力商店（京都老舗の米問屋）の協力を得て、始めに大豆の貿易に従事し、やがて加工工場を持ち大豆粕、大豆油を、更に精選小豆の製造を実施し、それらを主に日本に輸出し、三井物産、三菱商事を凌駕する満州最大の特産物貿易商として成果を挙げていった。このことが日本への食糧・肥料の供給に繋がり、祖国の農業収穫量の増大や食糧の供給に少なからず寄与することとなった。また、満州大豆を品種改良し、大粒の白眉大豆を作り出し、現在の米国大豆の原種であるといわれていることは驚くべき事実である。

刊行によせて

著者、中村欣博氏は、大連時代における長造の懸命な生き方と戦後の大連における混乱、また帰国後の東京における慎ましい晩年を、残存する公文書、数々の著書・資料を調査し、また、その親族、当時の関係者からの並々ならぬきめ細かな取材とその優れた執筆力を以て、事実に即すべく、本書を作成している。更に自ら大連に赴き、その風物・自然、また大連市立図書館に残っている資料から当時の状況を確かめておられることも指摘しておきたい。

従って、満州や大連に関わってきた方々ばかりでなく、また商売・経営に関わると否とに拘らず、日本の近代史の中で、一介の商人が、いかにして満州との交易に情熱を持って生涯を捧げたかを、多くの人々に伝えることが本書の目的であり、ここに完成に至ったことを、残された親族を代表して、中村氏はじめ多くの協力者の方々に謝辞を述べたい。

平成十九年九月六日　父、長造の命日を迎えて

名古屋大学名誉教授　農学博士　瓜谷　郁三

瓜谷家系図

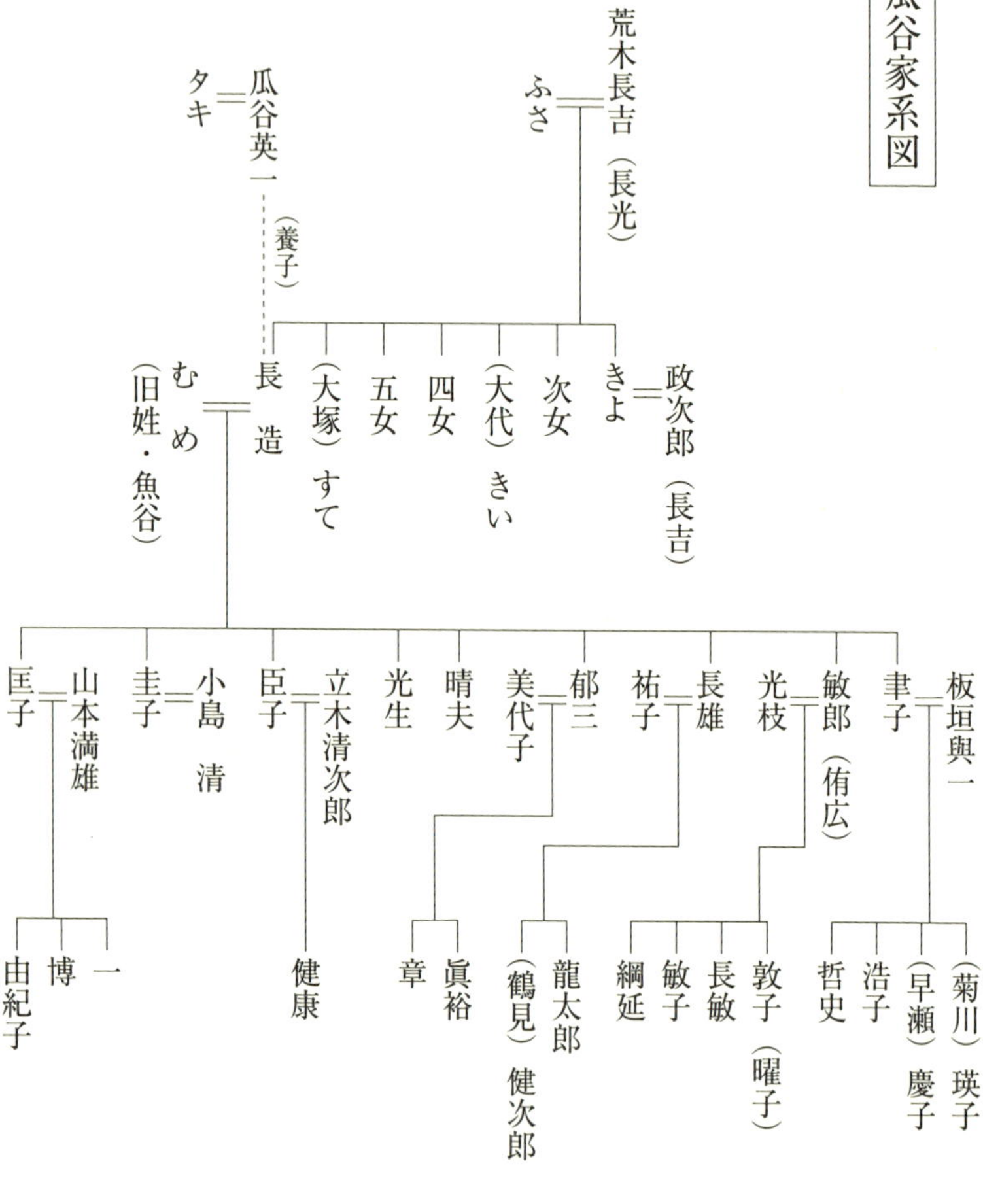
荒木長吉（長光）
ふさ
瓜谷英一
タキ
（養子）
政次郎（長吉）
きよ
次女
（大代）きい
四女
五女
（大塚）すて
長造
むめ（旧姓・魚谷）
板垣與一
聿子
敏郎（侑広）
光枝
長雄
祐子
郁三
美代子
晴夫
光生
立木清次郎
臣子
小島清
圭子
山本満雄
匡子
（菊川）瑛子
（早瀬）慶子
浩子
哲史
敦子（曜子）
長敏
敏子
綱延
龍太郎
（鶴見）健次郎
眞裕
章
健康
一
博
由紀子

参考資料（刊行順）

『大連開業十二年連合祝賀会記念誌』（一九二四年）
立峯生『特産王瓜谷長造氏伝』（一九二七年六月五日発行「満州経済時報」所載）
篠崎嘉郎『満州金融及財界の現状』（一九二八年・大阪屋号書店）
満州興信公所編『満州事業紹介』（一九二八年・満州興信公所）
大連商工会議所編『大連特産市場不振の原因と其対策』
天野元之助『満州経済の発達』（「満鉄調査月報」一九三二年七月号掲載）
西坂巳義『満州人物界』（一九三四年・亜細亜出版協会）
満州日々新聞「輸送の円滑を計り在庫品を豊富にしたい」（一九三五年十二月一日付）
大連市役所市史編纂室『大連市史』（一九三六年・大連市）
横浜正金銀行調査課編『大連読本』（一九三九年）
『越中人物誌』（一九四一年）
「大陸」編集部『瓜谷長造翁逝く』（一九六〇年・雑誌「大陸」）
瓜谷侑広『れいめい』（一九六〇年）
満州回顧集刊行会編『あゝ満州』（一九六五年・農林出版株式会社）

松本清張『昭和史発掘３』（一九六五年・文藝春秋）
「瓜谷長造の略歴と業績」（大連会から外務省に提出した略歴書。一九六七年制作）
清岡卓行『アカシアの大連』（一九七〇年・講談社）
満州国史編纂刊行会編『満州国史・各論』（一九七一年・満蒙同胞援護会）
『三菱商事社史』（一九八六年・三菱商事）
『兵庫穀肥物語』（一九八九年）
瓜谷侑広『無私の愛よ永遠に』（一九九〇年・たま出版）
小峰和夫『満州《マンチュリア》――起源・植民・覇権』（一九九一年・御茶の水書房）
金子文夫『近代日本における対満州投資の研究』（一九九一年・近藤出版社）
太平洋戦争研究会編『図説・満州帝国』（一九九六年・河出書房新社）
『日本の物価と風俗１３５年のうつり変わり』（一九九七年・同盟出版サービス）
郭文韜『中国大豆栽培史』（一九九八年・農山漁村文化協会）
板垣聿子『四季折々に』（一九九八年・論創社）
五味文平・高埜利彦・鳥海靖『詳説日本史研究』（一九九八年・山川出版社）
西澤泰彦『図説・大連都市物語』（一九九九年・河出書房新社）
柳沢遊『日本人の植民地経験』（一九九九年・青木書店）
小島圭子「終戦から引揚げまで」（東京女子大英語科クラス会誌より）

井上ひさし・こまつ座『井上ひさしの大連』（二〇〇二年・小学館）
山本有造『「満州国」経済研究』（二〇〇三年・名古屋大学出版会）
軽井沢文化協会『軽井沢120年』（二〇〇三年・株式会社櫟）
塚瀬進『満州の日本人』（二〇〇四年・吉川弘文館）
小林英夫『満州と自民党』（二〇〇五年・新潮社）
地球の歩き方編集室『地球の歩き方・大連、瀋陽、ハルピン』（二〇〇六年・ダイヤモンド社）

略年譜

西暦	年次	事蹟	参考事項
一八八一	明治一四	一二月五日、新川県射水郡新湊町に出生。	
一八九四	二七		日清戦争勃発。日本軍満州へ侵入。
一八九五	二八		日清戦争終結、下関条約調印。遼東半島、台湾などが日本に割譲される。ロシア、フランス、ドイツが遼東半島の返還を迫り、受諾する（三国干渉）。
一八九六	二九		ロシア・清国間で東清鉄道会社設立。
一八九七	三〇	北海道小樽市の雑穀商青木商店に丁稚として入る。いったん帰郷。	
一八九八	三一	神戸に出て堺力商店（雑穀貿易商、社長・瓜谷芳兵衛、本社京都）神戸支店に勤務。	ロシア、寒村「青泥窪」を「ダーリニー」と名づける。市の建設開始。
一九〇四	三七	日露戦争中、陸軍補充兵として入隊、樺太に出征。	日露戦争勃発。日本軍、遼東半島を占領。
一九〇五	三八		日露戦争終結、ポーツマス条約締結。関東州租借権、長春以南の鉄道と付属炭鉱が日本に割譲される。日本軍、ダーリニーを大連と改称。
一九〇六	三九		関東都督府を旅順に設置。南満州鉄道株式

一九〇八	四一	六月九日、堺力商店社長瓜谷英一と養子縁組、同時に魚谷むめと結婚。	会社（満鉄）設立。三井物産大連出張所開設。
一九〇九	四二	二月、むめと挙式。十月、堺力商店大連出張所開設のため渡満、初代責任者（所長）となる。	撫順炭鉱採掘権取得。伊藤博文がハルピンで暗殺される。
一九一一	四四		中国で辛亥革命起こる。
一九一二	四五（大正元）	堺力商店解散。単身、再び大連に渡る。資本金千円を元手に満州特産物貿易商「瓜谷長造商店」を設立（資料によっては大正四年あるいは五年）。	孫文が中華民国成立を宣言。袁世凱が引き継ぎ、清の宣統帝が退位、清朝滅亡。三井物産大連出張所が支店に昇格。
一九一四	大正 三	三月、結婚六年目にして長女・聿子《いつこ》誕生。	第一次世界大戦に参戦、青島《チンタオ》を占領。
一九一五	四	長男・敏郎誕生。	日本は袁世凱に対し、南満州・東部内蒙古の特殊権益、旅順・大連の租借期間の九九年間への延長などを求める二十一カ条を要求、受諾させる。袁世凱の帝政樹立策に反対して国民党が挙兵。
一九一七	六	大連重要物産取引人組合副会長を務める。石塚眞太郎、瓜谷商店に入社。次男・長雄誕生。	
一九一八	七		張作霖が東北地方から北京に進出。満鉄が鞍山《あんざん》製鉄所を設置。列国のロシア革命干渉戦争のシベリア出兵に日本も出兵（〜二二

一九一九	八	三男・郁三誕生。	年）。三菱商事大連出張所開設。関東都督府制を廃し、関東州庁設置。関東軍が正式発足。孫文が上海で中国国民党を結成。
一九二〇	九		国際連盟に正式加入。三月、株価大暴落、戦後恐慌始まる。
一九二一	一〇		ワシントン会議で日英米中などが九カ国条約を調印、中国の主権尊重などを定め、日本は山東省の利権を放棄する。
一九二二	一一	四男・光生誕生。	
一九二四	一三	次女・臣子《とみこ》誕生。	満鉄、長春・大連間の急行列車運転開始。
一九二五	一四	三女・圭子誕生。	
一九二七	昭和二	四女・匡子《きょうこ》誕生。	三月、国内に金融恐慌が起こり、内閣は四月、支払猶予令を発する。鈴木商店倒産。五月、中国国民政府の蒋介石の北伐に対して日本は張作霖を利用して居留民保護という名目で山東省に出兵する（～二八）。
一九二八	三	山縣通りの本社ビル改築。	六月、張作霖が北京から奉天（現・瀋陽）に引揚げる途中、関東軍により列車ごと爆殺される。張学良、青天白日旗掲揚を決定、国民政府に合流。
一九二九	四		大連と日本間の航空路開設。十月、ニュー

一九三一	六		ヨークの株式暴落を機に世界恐慌起こる。九月、奉天郊外の柳条湖事件をきっかけに満州事変が勃発。
一九三二	七		二月、国際連盟「リットン調査団」来日、「満州事変は日本の正当な自衛権発動ではない」という報告書を作成。三月、満州国建国、溥儀が執政となる。
一九三三	八	大連商工会議所副会頭に就任。	三月、日本軍の撤退と満州国取り消しを求めた国際連盟の決議に抗議して、日本代表松岡洋右《ようすけ》が退場、翌年正式に脱退する。
一九三四	九	老虎灘の家を改装。	
一九三五	一〇	大連商工会議所会頭に就任。商工会議所二〇周年を迎え、会頭として表彰式式典を執行。長女・聿子が板垣與一と結婚。	
一九三七	一二	瓜谷商店創立二五周年記念行事を行なう。	七月、盧溝橋の発砲事件をきっかけに日中戦争起こる。国民政府は重慶に遷都して抗戦。
一九三八	一三	病気のため商工会議所会頭を辞任。	四月、国家総動員法公布。七月、満州東部国境の張鼓峰《ちょうこほう》で日ソ両軍が衝突。
一九三九	一四	瓜谷長造商店東京出張所開設。瓜谷特産工業株式会社設立。敏郎、東京帝国大学経済学部を卒業し、入社。	五月、満州・モンゴル間の国境ノモンハンで日ソ両軍が衝突。満州国政府特産物専管法を公布、大豆専管公社設立。

略年譜

一九四〇	一五	取引所閉鎖。	三月、日本の支援により汪兆銘の南京政府樹立。九月、日独伊三国軍事同盟締結。
一九四一	一六		四月、日ソ中立条約締結。七月、関東軍は満州に約七〇万人の兵力を集めて関東軍特種演習を挙行。十二月、真珠湾攻撃で米英に宣戦布告。
一九四三	一八		国民学校高等科以上の学生の動員が本格化。
一九四五	二〇	終戦。ソ連軍により私財を略奪される。	七月、満州の在留邦人男子を根こそぎ動員。八月九日、ソ連軍が満州に侵攻。十五日、ポツダム宣言を受諾し、終戦。十八日、溥儀が退位し満州国消滅。
一九四六	二一		十二月、最初の引揚船、永徳丸が出港。
一九四七	二二	三月～四月、内地に引揚げ。	
一九四九	二四		十月、中華人民共和国成立。翌年、大連は旅大市となる。
一九五一	二六		ソ連、大連港を中国に返還。
一九六〇	三五	九月六日、死去。享年七八。	
一九八一	五六		旅大市を大連市と改称。

著者プロフィール

中村 欣博（なかむら よしひろ）

ノンフィクションライター。1942年北海道生まれ。早稲田大学第一文学部卒。出版社勤務、編集プロダクション「リブ企画」経営を経て、1998年よりフリーライター。著書『60歳からの得する働き方』（01年・双葉社）『大丈夫か？あなたの年金』（04年・実業之日本社）。

大連に夢を託した男　瓜谷長造伝

2007年10月1日　初版第1刷発行

著　者　中村 欣博

発行者　若林 孝文

発行所　株式会社文芸社

〒160-0022　東京都新宿区新宿1－10－1

電話　03-5369-3060（編集）

03-5369-2299（販売）

印刷所　株式会社平河工業社

ISBN978-4-286-03929-9